寫給動物世界

演覺書

王采芹 著

上海交通大學出版社
SHANGHAI JIAO TONG UNIVERSITY PRESS

内容提要

为什么《动物世界》会走入我们的内心，我们又如何被它深深吸引？本书第一部分用《动物世界》开播以来的极致动物故事深度剖析，对它独特的吸引力进行了全方位揭秘；第二部分以《动物世界》影响力广泛的融媒体产品《秘境之眼》独有的红外视频为素材，用惊鸿初见、细细端详的方式素描了中国秘境中我们难觅芳踪的动物邻居；第三部分讲述了生命中与动物相遇的故事，每次相遇，都是一次无声的长谈。它们和我们相通的情感，让人感动而又深思。

图书在版编目（CIP）数据

写给动物世界/王采芹著. —上海：上海交通大学出版社，2018（2019.8重印）
ISBN 978-7-313-19675-0

Ⅰ.①写… Ⅱ.①王… Ⅲ.①电视节目制作 Ⅳ.①G222.3

中国版本图书馆 CIP 数据核字（2018）第 142138 号

写给动物世界

著　　者：王采芹
出版发行：上海交通大学出版社
地　　址：上海市番禺路 951 号
邮政编码：200030
电　　话：021-64071208
印　　制：三河市兴国印务有限公司
经　　销：全国新华书店
开　　本：880 mm×1230 mm　1/32
印　　张：8
字　　数：138 千字
版　　次：2018 年 6 月第 1 版
印　　次：2019年8月第2次印刷
书　　号：ISBN 978-7-313-19675-0/G
定　　价：58.00 元

前　言

这本书写给我的动物朋友们,写给动物摄影师和制作人们,写给热爱动物的观众们。没有他们,就没有《动物世界》。

《动物世界》于 1981 年 12 月 31 日在中央电视台开播,它陪伴了几代人。

它使我们的自然邻居和我们相遇相知;它让爱的心灵去拥抱爱的世界;它使我们知道每一种动物的灭绝意味着人类向灭绝更近了一步;它使我们明白,我们只有一个母亲,生命共有一个地球。

我坚信《动物世界》有旺盛的生命力。

请朋友们拭目以待。

目 录

打开动物世界

素描动物世界

遇见动物世界

打开动物世界

《动物世界》的故事魅力

我感恩那些动物影片的制作人，他们一定有一个魔法锦囊，使观看动物节目的观众如同被施了魔法一般，拿下面具、卸掉盔甲，以不自觉的方式向那些动物影片敞开自己，迎接情绪的百转千回。动人的欢笑、无声的眼泪、出声的愤怒、沉默的惊恐、温柔的爱恋，毫无顾忌地撞击心灵。

《动物世界》中的每一个故事都是独一无二的，动物影片的制作人们以高超的创造力使观众在影片之中真情投入、流连忘返，并拥有意味深长的情感体验。

制作人的魔法锦囊就是动物影片中的故事。

《动物世界》开播于 1981 年 12 月 31 日，动物故事类节目是它的主要题材。选自全世界的动物故事各具风格，不同动物、不同风格组成了《动物世界》动物影片的百花园。“一个讲得美妙的故事如一部交响乐，它需要把结构、背景、人物、类型和思想融合为一个天衣无缝的统一体。”①

在《现代汉语词典》中是这样描述“故事”一词的：

故事：名词，真实的或虚构的用作讲述对象的事情，有连贯性，富吸引力，能感染人。

动物生活在大自然，一生发生的故事浩如烟海，怎样选取事件、构架故事，这是制作人匠心独具的体现。但是万变不离其宗，观众认为好的故事构架有章可循。我们剥其外表，这时会发现，它们的内核是一样的。每一部影片都体现着故事的普遍形式，正是这深层的形式打动着观众。这些好故事都采用了好莱坞经典的叙事结构。

古希腊哲学家亚里士多德在公元前350年就首先提出了关于完美构建情节的方针。他提出，这些叙事形式首先是受情节控制，“最重要的就是事件的结构”，情节必须作为一个“完整”的整体而存在。所谓完整，是指有头、有身、有尾。② 他的这个方针已经为大家广泛使用。叙事发展的这三个阶段为经典的“三幕”结构提供了基础。

为了抓住观众，动物影片制造了一系列的高潮，用一条强大的故事链条从头至尾锁定观众。关于《动物世界》的动

---

① 摘自罗伯特·麦基著，周铁东译《故事：材质、结构、风格和银幕剧作的原理》，中国电影出版社，2001年，第37页。

② 见亚里士多德著《诗学》，中国人民文学出版社，1962年，第25页。

物影片，我认为以下方面最为重要。

一、故事类动物影片，都有一个吸引人的开始

制造悬念，勾住观众。

在节目的一开始，会有一个总论，交代节目的基础信息：谁，发生了什么事情，这个事情是在世界哪个地方发生的，由于什么样的条件和环境发生了这样的事情。一般来说，这段总论用时一分钟到两分钟，它独特、新颖、别致，甚至以悬念开场。悬念将好奇和关心合二为一。以第一时间抓住观众为原则，它提供一些若隐若现的信息，吊着观众的胃口，吸引观众，深入即将展开的故事之中。

《出走的母狮》是这样交代的：

> 在非洲这片起伏的丘陵和开阔的草原上，狮群们割据一方，雄狮们守卫着来之不易的领地，曼雅莉和其他母狮们因此能在相对的安宁中养育儿女。
>
> 曼雅莉一边照看着一岁大的幼崽，一边抓紧时间偷闲一下，大多数夜晚，她都要与姐妹们外出捕猎，为整个家族觅食。而头领山伯克负责保护领土，给幼崽们成长提供平安的环境。但狮子的世界总是潜伏着危机，来自同类的危机，在外面的灌木丛林中，两头流浪的雄狮正伺机夺取领地，并占有狮群。

他们的目标是击败老的王，将他的母狮后宫据为己有，一旦成功，他们会试图杀死所有两岁以下的幼崽。

曼雅莉警觉到了什么，她似乎觉察到自己的孩子们有危险。

大多数母狮都会屈从于雄狮的力量，但曼雅莉与众不同，为了拯救孩子，她什么都做得出来。

两分钟的开端结束后，出现了片名“出走的母狮”，当看到这里的时候，节目已经紧紧抓住了观众，观众此时的心情既好奇又紧张，两头流浪狮子觊觎着她们的领地，她们还有少不更事的孩子，需要保护和喂养，在这么复杂的背景之下，这位叫曼雅莉的母亲会怎么做呢？这时我们一定有无数种想象，和雄狮决斗还是保卫孩子？狮群是否能齐心协力？头领山伯克能否击败流浪雄狮？流浪雄狮有没有杀死孩子？孩子们能否隐蔽起来？曼雅莉还有什么意想不到的举措？这时影片有一只无形的手抓住你，让你带着惊奇进入故事之中。一个好的开端就是好片的一部分，让观众在一个个悬念中不知不觉地走入影片之中。

在较早时期的动物影片中，动物故事的开端平和的较多，《狼山传奇》就属于这一类影片，影片的背景介绍只用了30秒钟。

在西班牙北部的高山上，生活着一种神奇的动物。

大西洋森林中的居民都知道，在袅袅薄雾下隐藏着北半球最强大的掠食者。

远古的凯尔特人称之为“风暴之神”，即使到了今天，这里也无人敢质疑这些捕风者的神圣地位。

今天我们为您讲述的是狼山的传奇故事。

从现在看来，这个开端略显平淡，只是泛泛交代了狼生活的地点和他作为顶级掠食者的地位，对即将发生的事没有过多的提示，这种情况一定是对出场的主角有绝对的吸引观众的把握，事实的确如此，主角狼出场，他两眼直视着你，仿佛穿透时空，冷静而坚毅，让人震撼，那在圆月下的吼叫回荡在寂静的暗夜，也足够摄人魂魄，这种自带吸引力的角色可以采用此类平实的开端。

二、 故事类动物影片有一个明显的叙事链条

一个以动物为主角的故事，它生活在自然之中，家之广大非人类能比，围绕其发生的故事会多种多样，它和家人、周边的动物、周边的环境都会产生故事。但是故事的主干只有一个，那就是主体故事，也就是叙事法。是它带领着观众一起随着时间不断推进，它就是一个链条，贯穿影片始终，并推动影片向前发展。在这个叙事链条上可以有分支，

就像一个大树的强大主干分出的枝枝杈杈。但是这些枝杈是和主干相连的,为主干提供营养,让你了解隐藏信息、补充信息,甚至可以为以后影片的发展埋下一个伏笔,但是这些枝杈最终要为大树做补充,成就大树,而不是把大树吞没。如《出走的母狮》,通过这部影片,我们了解了狮子之间的姐妹情谊,它们会团结合作,为整个家族捕猎,共同抚养孩子,它们对狮群中雌狮们的每个孩子都视若己出,不分彼此;我们了解了头领往往坐享其成,它不会担当捕猎的重任,但是当大敌当前,它必须迎头前去直面对手,不惜头破血流伤痕累累;我们了解了新狮王杀婴是迫不得已,因为若它不立即这么做,它的孩子在它失去王位时若还未成年也会被杀死;我们了解了邻里之间的互助,在曼雅莉带着孩子出走,想要喘息片刻时,狒狒可以当作瞭望哨;我们了解了无论经历新狮王怎样追踪自己,试图杀死自己的孩子,当雌狮掩护孩子们逃走之后,最终还要回到自己的族群,就当这些事情从未发生过一样。以上这些只是枝枝杈杈,主干是曼雅莉带着八只幼崽出走,途中经历独自捕猎,孩子不知危险又走得极慢,后面流浪狮子追赶,步步紧逼,最后自己又在捕猎中受了重伤,这些仅仅是为了保护自己和姐妹快成人的孩子不被新狮王杀死。

好的叙述法会增加它的受众群。也许你对曼雅莉出走、保护孩子不感兴趣,但是你对这个节目中告诉你的狮群生存法则，对狒狒与狮子的合作关系，对母狮也会独自捕猎，也许感兴趣。

《温柔的杀手》讲述两位花豹妈妈养育孩子的故事，一位母亲叫洛克菲，她年富力强，漂亮美丽，有一双深邃的绿色眼睛。另一位是穆巴丽，小巧玲珑，已经十三岁，在花豹家族中也算祖母级的前辈，她们都是单亲妈妈，各有一个孩子。在花豹的世界里，养儿育女没有规律可循，幼崽能否健康成长是评价妈妈是否优秀的标准。这部影片的枝枝杈杈很多，如穆巴丽每次都有进餐仪式，下嘴前要先拔掉猎物的毛发，她讨厌吃到毛发，并从柔软的地方进食，而洛克菲会教授孩子戏弄鬣狗。她们是独居动物，这种隐秘的天性使她们成为最厉害的猫科动物之一；她们身上都有自己独特的花纹，就像我们的指纹一样；她们在捕食猎物时会有所选择。影片里穿插着花豹的生活习性和其与草原邻居相处的信息。影片的主干是两位妈妈相同或相异的育儿策略。穆巴丽把孩子放在隐秘的地方去捕猎，而洛克菲的孩子最喜欢寸步不离地黏着她。鬣狗家族时常偷食，洛克菲教授孩子怎样瞒天过海，抓小鸟交给孩子，以锻炼反应能力，但是作为母亲她欠缺温柔，不喜欢和孩子玩耍；穆巴丽在孩子很小就开始锻炼他，把猎物藏在高高的树上，让孩子往上爬以触到猎物，她为孩子提供了丰富的猎物，使孩子活得最久，她也经常实战演练以让孩子知道最佳的捕猎方式。最终，两位母亲都把自己的孩子养大成人，得以独立生活。

三、 中心思想直击人的心灵

我们可能会对一些文学作品念念不忘，每次提及都会情绪高涨，这是因为它的主题也即中心思想超越了事件本身，直击我们的心灵，引起我们的共鸣。

中心思想是作者想要表达的影片核心，作者会用各种细节来阐明他想要表达的内涵，它可以体现在不同地方，或是节目的开头，或是节目中，又或者在结尾表达出来。一个好的动物故事节目，主题极为突出，无论节目中有多少情节和内容，都是围绕中心去做扩展，扩展范围再大也不会失去中心，而是使中心表现得更鲜活、更丰富。

《猎豹辣妈》讲述了一位刚做母亲的雌性猎豹经历种种磨难，从怀孕到把孩子养大独立生活的母爱故事。身怀六甲，奔跑速度缓慢时依然要独自捕猎；刚生下孩子就要东躲西藏躲避捕食者；阴雨天气要让孩子们尽量不受伤害；在面对雄狮时，自己冲到前面转移雄狮的注意力，给孩子争取逃跑的时间；面临着丧子之痛，还要不停搬家，以躲避捕食者；时刻注重锻炼孩子的捕猎技巧；最终把两个小家伙培养成年轻力壮的小伙儿，去开疆拓土，猎豹妈妈又将会成为母亲，迎接生命中新的挑战。这所有的情节都是围绕着母爱展开，故事的开篇直接点题："在非洲大草原上生活，需要非凡的捕猎技巧和足够好的勇气，一头年轻的猎豹为了孩子正在铤而走险，她想要完成不可能实现的任务。”

《非洲野狗纽基的传说》，也是开篇就道出了中心思想。不同的是，影片刚开始是用摄影师的旁白道出了中心思想：“我从纽基身上了解了许多知识。他的一生充满了各种传奇，面对变化莫测的命运和无数的挑战，他最终获得了成功，并且驾驭着一个种群。”野狗纽基原本出生在一个大家庭里，他有十二个兄弟姐妹。但是一次狮子的袭击使他失去了四个，兄弟姐妹在严寒的冬天，鳄鱼又使他们遭受不幸，只有一半存活下来。大自然注定让这些野狗经受考验，一场由家狗传播的狂犬病使他的亲人相继离世，而纽基却奇迹般地存活了下来，那时可能他正好离开种群才免遭劫难。这时他成了一个孤儿四处流浪，在流浪途中遇到了一只雌野狗，两人结成伴侣，尝试独立生活，并生下了自己的孩子。纽基变得更忙碌，也觉得生活有了希望。然而天有不测风云，他的伴侣因为闯入了家畜的围栏而被枪杀，孩子们需要母乳，而纽基一筹莫展，几个小时之后孩子们就因严重脱水而夭折，只留下纽基踽踽独行，但是纽基没有放弃生活的希望，瘟疫过后，一个叫“贝尔”的种群存活了下来，纽基小心翼翼地跟随着他们，距离每天都在缩短，但是他仍然形单影只。随后有件事情让纽基的境遇发生了逆转，贝尔似乎喜欢纽基，并偷偷地约会，几星期之后贝尔生下了幼崽，这里面有纽基的血脉，纽基从不被允许靠近，到融入这个种群，最终成为出色的猎手。后来，和狮子的一场遭遇战使这个种群的首领阵亡，纽基接替了种群首领的位置，带领这个生机勃勃的种群奔驰在草原上。纽基历经磨难，但是永不言弃，我们要学习的就是纽基身上这种坚韧不拔、不怕困难的精神。我们称这部影片为励志类影片，对人类而言也有催人奋进的效果，而这部影片确实起到了这样的作用。这部影片的翻译黄先生译完这部作品时告诉我，他在翻译时满含泪水，他为纽基坎坷命运而牵肠挂肚，又为它的坚韧不拔深深折服。身为男人，面临人生中的许多经历，想想纽基就觉得没有过不去的坎。一只野狗就这样激励着一个男人。黄先生是影片的第一观众，果不其然，当影片播出后，很多观众来电、来信说这是他们看到的最好的励志自然影片。突出的主题，使《非洲野狗纽基的传说》铭刻在了人们心里。

四、 动物故事拥有突出的人物和情节

动物节目中时常会运用一连串的人名，如野狗纽基、母狮曼雅莉、狮子银眼、老虎希塔等；这种拟人化的方法增加了人们的认同感，而一部分动物故事是由这些人物驱动的。

《老虎希塔》的故事，讲述的是希塔做了母亲后养育自己孩子的故事。为了孩子她要去捕食，这种单亲家庭养育

子女极为不易,大多数时候空手而归,面对着急需食物的孩子,她只能再次出发,孩子长大仍不愿独立,还要依靠希塔提供食物,于是为了培养孩子的独立性,她选择独自离家出走,影片结束在希塔踽踽独行的背影中,让人回味无穷。

《出走的母狮》也是人物驱动的,作为母亲的曼雅莉为了保护自己和家族的孩子历尽艰难困苦,克服一个又一个困难,战胜一次又一次危机,不惜自己直面强敌,深受重创,最终让孩子们安全离开,免遭新狮王的杀害,自己又重回狮群。观众的心随着曼雅莉时而欣喜时而紧张。脑海里充满了曼雅莉的画面。

还有的影片是以情节驱动的。

《金狒狒山谷》的故事发生地是非洲一个偏远的山谷,那里就连大自然也无法保持自己的正常节奏。四季变化不明显,雨季过后马上就是旱季。时而雨水丰沛,食物丰饶;时而干旱来袭,并愈演愈烈。生命在此煎熬,它们随着自然环境变化的情节推动,上演着一幕幕生存与死亡的戏码。在大自然面前,它们只能改变自己,调整自己的行为,运用多年积累的经验和智慧度过最艰难的时光。旱季的黑檀树林是首个出现的情节,狒狒们在此按自己的规则生活。河岸边是另一个情节,河岸边的动物邻居们有自己的生存策略,河马、鳄鱼、大象、角马、黄嘴鹳、非洲水牛,尽量做到相安无事,太阳升起来,干旱严重,狮子开始捕猎陷入泥沼的水牛，狒狒们开始寻找落叶下的干果，而狒狒的小孩子又被离群的狒狒杀死，死亡笼罩着狒狒族群。接下来的情节是山谷被旱季折磨，土地贫瘠，看不到狒狒玩耍，生活失去了往日的色彩，其他动物找水和吃的要花费更多精力，它们要在看似光秃秃的不毛之地上找到食物。狒狒在此时证明了自己的顶尖生存技能，找到了可吃的腊肠树，最后的情节是狒狒们又聚到一起，雨季翩然来临，好运气又回到了这个被时间遗忘的山谷里。

《牢不可破的羁绊：非洲野狗》也是一部情节驱动的影片。在塞伦盖蒂草原生活着技艺高超的捕猎者，它们的家族关系牢不可破，亲情纽带使它们组成了坚不可摧的战队。故事的开始是一位野生动物研究专家发现野狗群找不到了，于是他扩大了搜寻范围，用 GPS 寻找，好不容易找到野狗，但是野狗也发现自己行踪暴露，又消失得无影无踪。专家又通过当地牧民提供的线索，终于找到了野狗群，并对它们进行了细致的观察，他看到了野狗的生活习性：小狗也会在捕猎的大部队后面奔跑，学习捕猎技巧。再后面情节发生了扭转，人们在曾是野狗土地的平原上放牧，面对野狗的攻击，农场动物毫无招架之力，导致农民和野狗直接对抗。同时家狗的瘟疫传染到了野狗身上，而家族互相舔舐这一情感维系方式也给它们带来了灭顶之灾。1990 年，野狗被宣布为濒危物种，保护的号角吹响，恢复野狗种群工作难度很大，但是令人欣喜的是，也取得了成效。一个被命名为“奥尔巴尔”的家族原本的九名成员后减少到五位，最终它们还是孕育了新的生命，使这个家族逐步壮大，它们齐心协力抚养家族的新生命。牢不可破的家庭关系和人类的保护使野狗种群从1990年的5 500只上升至2010年的6 600只。

有一些动物影片是以时间顺序展开的，在每一个时间节点发生着错综复杂的故事，它们并不是人物或者情节驱动的。

《生死七日》讲述一段七天里发生在东非的故事。200万年前曾喷射着火焰的熔岩洞现在却成了锅状盆地，80只狮子栖息在这个死火山口底下。七天之内它们内外交困：外来的雄狮要占领狮群，争夺王位；同时，狮群内因为近亲繁殖免疫系统下降感染疾病，而锅状盆地的鬣狗又大肆围攻抢夺食物。狮群需要团队捕猎，而它们最好的猎手莫加因染病离家出走，狮群陷入饥饿和疾病的困顿之中，每过一天，情况都在不停变化，局势严峻到了极点。第一天，鬣狗围攻。第二天，水牛反击，雌狮企图退缩。第三天，最好的猎手莫加失踪。第四天，雌狮马尔基亚寻找女儿莫加，没有莫加加入捕猎战队，捕猎失败。第五天，莫加虚弱无力，已感染疾病，伤口腐烂，狮群三餐不继，鬣狗吃掉了莫加，三只幼崽缺乏食物，马尔基亚也开始消瘦。第六天，马尔基亚捕猎再次失败，流浪公狮靠近，一场决斗打响。第七天，狮群打败了入侵者,但是流浪狮群也许还会回来,疾病将继续威胁这个种群。在这七天之内发生的事件循序推进,驱动着故事发生和展开。

《河马的地狱》也是以时间顺序展开的。从五月开始,土地逐渐干涸,为炭疽暴发创造了条件,河马吃了有炭疽芽孢的卷心菜,呼吸着空气中的炭疽芽孢,死神悄然来临。干旱严重,水位下降,河马拥挤地搅动淤泥,无数致命的炭疽芽孢释放到饮水中,通过伤口或消化道进入河马体内,每一口水都是毒药。干旱到了严酷之时,河马搬家寻找水源,疫情暴发的第 22 天,找到水源开怀痛饮的河马又将疫情带给更多河马,同时不断有河马来此觅水。瘟疫暴发的第 31 天,不断有新成员死去。瘟疫暴发的第 40 天,两头雄河马找到了新家,但是本地河马不接纳它们,将它们驱逐。瘟疫暴发的第 45 天,生存空间更小,河马脾气更加暴躁,打斗造成伤口,使病毒乘虚而入。瘟疫暴发的第 50 天,小河马失去了母亲,其他河马帮忙照料孩子,水牛也感染了炭疽,绿头苍蝇到处乱飞,传播瘟疫。炭疽暴发的第 80 天,一头有好奇心的流浪河马走近吃尸体的兀鹫,几小时之后,走向了死亡,生存成为一场随机的抽签游戏。河马头领在清点着自己的家族成员,这时来了流浪汉挑战者,头领历经磨难再也经不起战斗,受伤感染丧命。炭疽暴发 140 天后,倾盆大雨把瘟疫荡涤干净,河水涨满,将有毒的芽孢冲走,幸存者迎来新生。影片随着时间的发展,把发生的故事记录下来,对于此类时间和生命之间紧密联系的影片,这种讲述方式无疑是很好的选择。

五、用幕式结构构建动物故事

一部好的动物故事往往要历时 3~5 年拍摄大量的素材,而很多的故事是在拍摄中发现的,动物完全是本真出演,它们没有脚本,也不会遵从导演的调度,它的演出就是它真实的行为。

而大量素材在后期要剪辑成故事,这极为考验导演的驾驭能力,素材就像做菜的原始材料,出什么样的菜品就看你是否是一个顶级的厨师。怎样讲故事,以什么样的方式讲故事,导演可以制定。我们拍摄的素材都是动物的真实行为,讲故事的前提是不能违背动物的行为。

对于好的动物影片,我们常说它像好莱坞大片,也就是运用了好莱坞的戏剧化结构,即三幕式的结构。用我们口语讲三幕,就是:破题,加强,结局。

三幕式结构分为三幕,已故剧作家乔治 · M · 科汉(George M.Cohan)形象地形容这种结构的剧为三幕剧。第一幕占据了阐述的大部分内容,把主角赶到了树上,并且使他陷入了困境。第二幕中,对男主角扔石头,迫使他爬向树的更高处。第三幕,你逼迫他爬到了一根摇晃欲坠的树枝的边上……这时你开始让困境慢慢转入顺境——让主人公爬下来。①

第一幕或称为开端，长度大约是整个故事的四分之一左右。要介绍：谁是你的主要人物？什么是故事前提？故事的情境是什么？要有推动故事向前发展的事件。

《非洲野狗纽基的传说》，让我们在第一分钟认识了纽基。第三分钟，我们知道了它生活在奥卡万戈三角洲。第四分钟，我们知道这里并非完全自由，而是有人类建立的长数百千米的家畜围栏，分隔了野生动物和牧场，对纽基的生活产生了巨大影响。这是这部影片的主要问题，而且因为这个围栏发生了一系列的事件。

在第一幕的结尾处，要有一个情节点，也就是要有一个事件发生，而这个事件把故事转向了另一个方向。

《非洲野狗纽基的传说》在进入第九分钟的时候引出了这个事件。狮子偷袭了野狗巢穴，四只小野狗丧命，纽基被迫转移到几千米以外的巢穴。在新的环境中它们长大并开始在领地内四处流浪、居无定所，生活环境极为恶劣。故事这时转向了另一个方向，它们会遇上什么？能活下来吗？

第二幕或称为对抗。这是故事的主体部分，约占故事的二分之一。冲突是一切戏剧的基础。主人公所遇的复杂

① 见希拉·柯伦·伯纳德著，孙红云译《纪录片也要讲故事》（第3版），北京联合出版公司，2015年，第68页。

情况纷至沓来，故事节奏越来越快。新的信息、新的问题，刚解决了这个，那个又冒出来。这些构成了主人公实现目标的障碍，他们必须全力应对。第二幕最后发展的情感高峰远远超过第一幕结束时。

在《非洲野狗纽基的传说》中，第二幕就是纽基面临的诸多危险。首先是鳄鱼、围栏的伤害和瘟疫。好不容易孤独的它找到了一个伴侣并生下了孩子，伴侣又被入侵者所杀，孩子因缺奶水也失去了幼小的生命。纽基从此又开始孤独漂泊。在这个时候，它遇到了另一个野狗家族，这个情节把故事引入了结局部分。

第三幕或称为结局，占篇幅四分之一左右，这是故事的结局。我们故事中的主人公是活着还是死了？他怎么样了？他成功了还是失败了？故事的结尾是清晰有力的，《非洲野狗纽基的传说》的结尾，“贝尔”种群接纳了纽基，它生下了自己的孩子，为了保卫家族不惜受伤，最终拥有了自己的族群。

影片从第一幕就营造出一个突发的高潮时间，制造悬念，人物和性格塑造深刻，主情节和次情节交织。第二幕中悬念、冲突、高潮迭起，惊心动魄。第三幕让人惊异。

《动物世界》中的动物故事节目大多遵循着三幕式结构，但是并不像戏剧、电影那样精确，只是大致遵循。有一些故事也使用五幕式结构。

《金狒狒山谷》就是其中之一。第一幕是卢旺瓦河谷的黑檀树林狒狒和其他动物生活的细节。第二幕，呈现食肉动物的出场和狒狒们日常的社交活动，同时交代：干旱威胁到这里的生物。第三幕，死亡的气息笼罩着山谷：狮王失去了威仪，离群狒狒抢走了狒狒头领的孩子。第四幕，愈发严酷的旱季像幽灵一样无处不在，河谷变成死水潭，雌狒狒依然抱着死亡的幼崽——母亲的天性使它不让族群其他成员靠近它死去的孩子，山谷弥漫着痛苦的气氛，悲伤达到了极点。这时狒狒们发挥了自己的顶尖技能，使出自己所有的生存本领，找到了食物。狒狒头领也发现了那个杀死自己孩子的流浪汉，把它驱逐出去，让它独自面对黑夜。这时隐匿很久的食肉动物出场，走近了猎物。第五幕，狒狒们又聚在一起，头领的对手丧命，没有捣蛋的家伙们生活重回正轨，雨季终于光临了这个偏远的河谷，河水涨满，好运气又重新回来。

六、《动物世界》中也有部分影片使用其他的一些叙事结构

1. 英雄的旅程结构

英雄的旅程叙事结构也是好莱坞影片常用的结构，它是很多神话故事和传奇故事的基础。克里斯托弗·沃格勒曾论证过，在很多好莱坞影片中能找到这种叙事结构。这

种结构有以下五个阶段：

（1）冒险的召唤：生活在平凡世界的英雄受到召唤，踏上征途。

（2）陌生世界的历险：英雄受到各种形式的考验，让他为最后的阶段和最后的考验做好准备。

（3）最后的考验：英雄面临最大的挑战，为了战胜这个挑战，他必须牺牲一切，并且在这个过程中战胜自己心中的魔鬼。

（4）奖励：英雄获得了某种奖励，这可能是一种有形的奖励或是一种无价的经历或教训。

（5）返回并回归社会：英雄带着他的奖励回归自己的社会。

《出走的母狮》就遵循着这样一个结构，堪称动物影片中的一个传奇故事。一位英雄母亲的传奇让我们深深地记住了母亲曼雅莉。按照之前的结构，可以这样分析这个故事：

冒险的召唤：流浪狮子来袭，她的孩子将被杀死，她不能让自己的孩子被杀，她要保护她的孩子，于是带着孩子出走。

陌生世界的历险：带着少不更事的孩子踏入陌生世界，单独捕猎成功率极低，小孩子尚不知危险，而流浪狮子则在追赶。

最后的考验：她单独捕猎身受重伤，喝水都很困难，无法行走，险些丧命；孩子们离她而去，走入陌生世界，却没有食物。但是为了孩子，强大的生存意志使她挪到水边，喝上了清水。姐姐马瓦扎嗅着妹妹和孩子的气味找到了这里，并捕获了猎物，这才让她和孩子们度过饥饿的危机。孩子们在漆黑的夜里进行捕猎实战演习，夜捕水牛，漂亮完成了捕猎任务，这也标志着他们的成年。孩子们终于自立，曼雅莉赶紧把小公狮们赶走。但是危险马上来临，新的头领也找到了这里，曼雅莉和姐姐直面狮王，以此拖延时间，让孩子逃得更远。

奖励：所有孩子都活了下来，这在狮子世界中是个奇迹。

返回并回归社会：曼雅莉和马瓦扎姐妹俩重新回到狮群，接受新王作为自己的保护者，也和其他母狮一起集体捕猎，遵循着狮群的自然法则。

2. 章回式结构

观众跟随主人公经历一系列本质上并不相关的冒险，这种结构有明显的转折点。主人公的运气由好变坏或由坏变好，但是具体经历多少次转折数量不一，叙述核心的凝聚力不是来自跌宕起伏的事件而是来自主人公本身。

《狼山传奇》讲述了原本依靠集体捕猎才能生存的狼家族中，一头前途渺茫的雄狼和一头在族群中很少获得进食机会的年老雄狼离开族群去寻找更好的未来的故事。这个故事采取章回式结构,师徒二人结伴行走,相依相存。师傅维伊科教会徒弟洛博生存的技能,如大白天不要与獒对峙,葡萄甘甜则可食用。师傅还教会洛博在河流中捕鱼,洛博不停地学习在极端条件下的生存技巧。他们又误入一个当地狼群的地盘,师傅拼死一战,洛博被强大的对手压在身下,他唯一的指望就是他的师傅,好像有师傅在,没有克服不了的障碍。但是,在一个夜晚过后,他发现师傅死了,主人公洛博的命运在此发生了巨大转折。他没有了依靠,独自一人,没有领地,没有家庭,只有师傅教会他的一切。他的好运气就此结束。生活将更加艰难。洛博又回到了师傅上次上课的地方,眼前的羊群是极大的诱惑,但是想到师傅告诉他行事要谨慎,他只好放弃,继续前行。翻过一片岩石,他走到了一个全新的世界——大西洋。想到师傅教他的捕鱼技能,他准备小试身手,海水冲来的海豚尸体终于让他填饱了肚子。孤独让他有了成家的渴望,母狼的叫声让他心旌摇荡。但是这个海岸狼家族绝不接纳他,对他又撕又咬,他离开了这个族群但是带走了那地位低下的母狼。母狼在家族中地位低,只能帮助雌性首领抚养后代,现在完全不一样,跟着一头年轻的雄狼会过上更好的生活。这个夫妇二人组不能捕获大型猎物,就捕一些小的哺乳动物,生活有滋有味。有一天,山谷里多了一种吟唱,那是山谷里的新生命，洛博夫妇的孩子。

动物影片的制作人无论采用何种方式构架故事，目的只有一个，充分选择手中的动物素材，以既能表达正确价值观又可以满足观众欲望的方式构建故事形态。若无法满足观众，影片就失去意义。动物影片同样是一个线性媒介，靠的是一帧帧的画面组成一个个场景，构成影片。要讲好动物故事，让动物剧情吸引观众，使观众能饶有兴致地看下去，必须使内容和形式完美融合成为独特的影片，用独具匠心的故事形态，使观众看到震慑人心的好影片。

因为有强大的好故事，动物影片不需要电脑制作的效果做烘托。

搜寻动物日常时光的内在特质并构架成一个个匠心独具的故事，把动物故事讲出彩儿来，这之中饱含着制作人对动物和自然深沉的爱。

我们和动物都需要互相了解。同是大自然的一员，它们的一些自然行为和人类相似，所以将人类影片的一些方法用于动物影片是高明的举措，这种讲述方法带来很多的优越性。故事艺术是世界上主导的文化力量，在当今提倡动物保护、和谐自然的大背景之下，人们会因为这样的讲述方式更深切感受到它们鲜活的生命，使影片增加直击心灵的魅力，也让人类的仁爱之心播撒到动物身上。

《动物世界》的解说词风格

解说词有重要作用，它可以补充影片信息，延展影片信息，甚至还有渲染影片信息的作用。《动物世界》的解说词除了有以上功能，它还有自己独有的风格。它的解说词风格和动物语言相近，都是短句。这和影片本身的长度、节奏、感情色彩的表达形式有紧密联系。

影视语言作为人类思想交流的媒介，它既有表意功能，同时又能创造出艺术美感。影视语言的表意功能是通过声音和画面来实现的。动物影片不同于人类故事片，因为动物不会说话，解说词就发挥着重要作用。如果说一部动物影片中每一个情节是一颗珍珠的话，那么解说词就是成就精美项链的细绳。因为它，一部动物影片更有趣味性，更有深意，也进一步提供了故事发展的信息。一部影片，动人的通常是动物，它们在大自然中展示着自己的天性，也就是它们的行为。解说词会推动故事的发展，这是最有效的途径之一，它会像一个展览馆的讲解员一样，带领观众进入故事之中。《动物世界》的解说词就有以下几个特征。

一、文字简明，使用短句照顾广泛受众

真实的动物邻居们，它们的语言可能就是一个字，用一个字发出不同的音调会表示不同的情感。根据黑猩猩“吼吼吼”的叫声，生物学家珍妮·古道尔就能分辨出它们的情绪，是高兴还是恐惧。黑猩猩就是依靠这些单词来交流。声音是用来听的，《动物世界》老少皆宜，一定要用最易理解的语言。短句最容易听懂，也最容易理解。

(1) 文字不用生僻字。在信息发达的今天，人们被电视、网络包围，没有人会花费时间去理解、查询不明白的词。我们经常用一个表情包就能表达一句话的意思。用最简明的文字表达影片内容，这样也能节约观众的时间，直观明了。

(2) 使用短句。中国的成语朗朗上口，使人印象深刻、容易记忆，就因为它是短句。一句广告词能让人记住也因为是短句。“有时，三言两语胜过万语千言，在产品广告中，最令人难忘的口号往往不过是碎片化的语言。”①

案例1　《湿地之争·豹与鳄鱼》：“这不是美洲豹，是一群巴拿马水豚。它们肥头大耳，一点也不怕人。体长超过一米，是世界上最大的啮齿类。这是一只大水獭，它们体

---

①　见弗兰克·伦茨著，王晓鹂译《说话的力量》，中信出版社，2017年，第12页。

长1.5米,也是同类中体型最大的。它们集体捕猎,以鱼为食。"

案例2 《狼山传奇》:"在加利西亚生活着许多狼群,它们的领地就在海边。不过对洛博来说,这一切都那么新鲜。咆哮的海浪,带着咸味的海风,还有正在飞翔的白鸟儿,都让它既害怕,又欣喜。"

二、跳跃性增强了紧凑性和影片的叙事节奏

动物影片讲述一个完整的动物故事一般只有30分钟、45分钟或52分钟这几个常见的版本。不像人类故事片有120分钟时长。要在这有限的时间里用戏剧的手法讲述动物故事,就要充分使用情节体现冲突与对抗,加强叙事节奏。

案例1 《出走的母狮》:"远处传来流浪雄狮的低吼,这表明他们已经闯入领地。成年狮子们赶紧照看11只幼崽。曼雅莉朝瞭望哨跑去。两兄弟渴望权力,他们进一步闯入山伯克的领地。他们嗅到了母狮的气味。山伯克在领地不停巡逻,用自己的气味清楚地标识领地。夜幕低垂,两兄弟无视山伯克气味标识,针锋相对,摆开挑战架势。恩杜纳狮群开始反击。"此段只用时两分十五秒。就把一个流浪雄狮入侵领地的情节完整展示。主人公的内在思想要通过外部情节展现。"正如语言是思想的载体,情节就是主角转

变的载体。如果没有语言，别人就无法理解你的表达；如果没有情节，别人就无法体会故事主人公心路转变的意义。”①

雄狮闯入—成年狮子照看幼崽—曼雅莉探查—雄狮逼近—山伯克巡逻—狮群反击，这种跳跃性的叙述方法营造着紧张气氛和悬念，表现了流浪狮子争夺王位的激烈前奏。

案例 2　《温柔杀手》：“鬣狗吼叫着驱赶娜提格，娜提格被驱赶到了灌木丛里的最高的树枝上，它最脆弱。如果树枝断裂，它就死定了。妈妈洛克菲无能为力，娜提格小心翼翼地保持平衡。鬣狗在下面等待着它失足掉落。几个小时过去了，鬣狗等得睡着了。娜提格鼓起勇气试着爬树，它离妈妈很远，附近到处是鬣狗。族群首领出现了，吸引了鬣狗的注意力。娜提格的机会来了。“鬣狗驱赶—妈妈无能为力—鬣狗等待—娜提格爬树—首领营救—娜提格逃脱”的结构，用一分四十秒营造了一个小豹成功逃生的故事，证明了小豹在大自然的生存并不会因为它们是王者就没有危险。作品用跳跃性解说增强紧凑感，用紧凑感增加了悬念的强度。节奏加快后，一部影片的情节可以增多，并为更多的对抗和冲突留有空间，同时，对主人公的表述也会更充分，故事会更扣人心弦。对于以三幕剧方式构架的动物影

① 见杰夫·格尔克著，曾轶峰、韩学敏译《情节与人物》，中国人民大学出版社，2014 年，第 156 页。

片，第二幕是故事的核心。“第二幕为主人公提供了一个上演内心戏的地方。心路历程的事态升级是通过设计矛盾实现的。矛盾导致愤怒，使人们情绪激动，将人物最善的一面和最恶的一面都展现出来，平时隐藏的东西也随之暴露。”①

三、 用温度传递由内而外的情感

冰冷使人远离，温暖使人亲近。冰冷的解说词传递给观众的也是冰冷。《动物世界》的解说词的情感是由内而外的，是自然流露而不是刻意去赋予的。

1. 拟人化使人亲近

（1）第一人称的使用让观众产生同理心。

《动物世界》以第一人称的方式讲述动物的生活方式、养育儿女的状况等等，这也是我们常说的拟人化表达方法。解说员就是某种动物本身，她可能是妈妈，或者是草原上的一分子，或者是代表着一个群体。《大草原上的爱恨情仇》是讲述非洲草原上动物之间的故事，是一个三集的系列片。解说员以这个草原上个头最高的动物长颈鹿的口吻将故事娓娓道来。在《昆虫总动员》中每一种虫子都在讲述着自己的故事，生儿育女不容易，经常面临自然界的风风雨雨，同时还有天敌的袭击。

---

① 见杰夫·格尔克著，曾轶峰、韩学敏译《情节与人物》，中国人民大学出版社，2014 年，第 157 页。

有的动物影片从头至尾都是第一人称，有的在节目中部分使用第一人称。《猫的秘密生活》讲述了猫和人类的关系，猫的行为，贯穿着猫对自己行为的解释，“在你们人类看来……我们想来就来，想走就走”。在《出走的母狮》中，母狮为了保护自己的孩子不被新狮王杀害，带着它们离家出走，踏入了陌生的领地，此时的心理活动是以第一人称呈现的，“我要保护我的孩子”，在自己身负重伤，眼看着孩子们走入新狮王有可能出没的地区，她拼命呼叫：“孩子们回来！那里危险。”虽然第一人称使用量不大，但是这种心理活动用第一人称展示出来，更拉近了观众和动物的感情距离，会让观众设身处地地体会到：一位妈妈在这个时候依然可以义无反顾地保护自己的孩子，自然之中的母亲都是一样的，母爱则是伟大无私的。

总体来说，第一人称视角的讲述更加精准，更有代入感。

(2) 赋予动物名字，使观众产生亲切感。

塔姆、纽基、曼雅莉、洛博、希塔、雪儿……就像在呼唤着我们的亲人。亲人身上发生的事情怎能不让人牵挂。雌狮塔姆独自生产并养育孩子，多少观众为她担心；野狗纽基成为孤儿，还能否在大草原上融入种群？这也牵动着观众的心；雌狮曼雅莉的孩子逃脱新狮王之口时，多少观众击掌庆贺；洛博师傅死去时，又有多少观众黯然神伤；雌虎希塔为了让孩子自立，选择自己离开时，多少观众为她点赞；外婆雪儿为女儿照顾孩子，又让多少观众想到了人类自己。

无论是第一人称还是有了人名的动物，都传达着人类对动物的情感。我们没有高呼"我爱你"，可是我们有一样的名字符号，我们都有自己的生活琐事，这些相通点让作品包含的情感由内而外地展现出来。

2. 解说词包含丰富的色彩，并经过多样化处理

(1) 节目开端真情满满。

案例1　《掠食动物生存战——曝露》："我们经常认为掠食者活得轻松自在，其实并非如此。它们生存得很艰辛，地处偏远地区的则更加困难。深入了解它们的生活，会发现一个全新的世界，时而伤感，时而动人。以狮子为例，所有人都认为它是完美的杀手。在非洲某些地方，它们必须依靠奇迹才能生存。"看了这个开端，我们会对狮子产生一丝同情，狮子生存也不易。影片制作者在本期节目中就是要传达自然界的动物生存的艰辛，以唤起人们的保护意识。

案例2　《非洲野狗纽基的传说》："J·维尔顿·迪克·麦克纳特博士：'我从纽基身上了解了许多知识。它的一生充满了各种传奇，面对变化莫测的命运和无数的挑战，最终它获得了成功，并且驾驭着一个种群。"制作者通过研究纽基的博士之口，传递着对纽基的敬佩。博士最有发言权，通过多年对纽基的了解，纽基给了他很多生命的启示。纽基

不仅仅是一只野狗,它顽强的性格感动和激励着博士。事实证明纽基就是这样一只野狗。

(2) 节目结尾饱含深情。

很多时候,影片的结尾是中心思想所在。制作人在此时表达的情感会浓烈。

案例1 《天才类人猿》:“能和这些动物在一起,以及想着弄明白,当它们小心翼翼,温情脉脉地看着你时,脑子里到底在想着什么,是一件了不起的事情。它们是在思考吗?‘它是一个棒小伙,我想知道它在寻思什么’或者它是不是在想‘天哪,那是什么?脏东西吗?能吃吗?’尽管自身存在限制,当我们观察类人猿时,我们感觉到的是与它很深的联系而不是差距。黑猩猩会求助,一群不相关的倭黑猩猩会团结起来保护另一只同类,一位母亲拒绝抛弃自己骨肉的尸体……对于这些,我们难以熟视无睹。作为最社会化的类人猿,我们不禁想要读懂每张相似的面孔后的所思所感。也许,了解它们的同时,更多的是在了解我们自己。”《天才类人猿》是讲述我们近亲的聪明才智,影片的深情描述是情不自禁、有感而发。

案例2 《狼山传奇》:“不久,这座山谷的每种动物都产下了它们的后代,小家伙们有很多东西要学。但是,今年与往年不同。有一种新的声音在山谷回响,这是一种梦幻般的吟唱。它们唱出悠长的颂歌,告诉山谷里的居民,这里来了一个新的家庭。三个小小的黑色魔头是父母的骄傲和快乐。它们将悉心照料后代，教会它们狼的文化。用不了多久，这些小家伙就能和父亲一起捕获大一点的鹿了。这个家庭将继续谱写狼的传奇。也许，在很多年以后，我们还能够在狼山上找到它们的身影。”洛博在经历流浪之后终于有了家庭，自己的下一代顺利诞生，这让所有人感到欣喜。说到这里，观众都能体会到解说词里洋溢的愉悦和开心。

（3）小细节体现温暖，解说词贯穿节目始终。

有温度和情感是节目整体要把握的基调。它在节目中始终如一。它应体现在每一个细节之中。

① 不用直白词汇。

案例　“雄狮加入狮群的唯一作用就是交配，所有小雄狮长大后都要离开。雌狮们留下来。”此处的“交配”一词用“繁殖”替代。既然动物是自然邻居，行为描述应使用文明用语。

② 不用偏见词汇。

案例　“塞伦盖蒂也是顶级猎手的家园，例如世界上最快的哺乳动物猎豹，非洲顶尖的捕食者狮子，以及臭名昭著的斑鬣狗。”此句中“臭名昭著”改为“以计谋取食”。鬣狗因为长相奇特，经常趁猎豹不注意，窃取猎豹刚捕到的猎物，这是鬣狗的本性使然。若说臭名昭著，使人对鬣狗产生恨的印象，则违背了节目有温度的宗旨。

案例　“凭借狰狞的外貌和魁梧的身躯,孟加拉虎称霸了整个印度丛林。”此处“狰狞”改为“威武”。在中国人眼里,老虎是威武的象征,老虎给人的大都是美好的想象。

③ 不用歧视词汇。

案例　“鳄鱼在河岸边晒太阳,它丑陋的样子暴露无遗。”此处“丑陋”改为“奇特”。自然界中动物样子各异,都是大自然的作品,只有奇特,没有丑陋。

(4) 用幽默增加可爱度。

解说词是为了画面写作的,这些文字不同于我们写的诗歌、散文、报告文学等为杂志而作的文字。这些文字的服务对象是有动感的鲜活画面,所以文字应该不仅是可读的,也是可听的。

《动物世界》的解说词除了采取常规的解说风格以外,还用诙谐幽默的风格来构建解说词。一般这种风格适用于动物情节片段化,动物较小,不怎么吸引观众,或者是大动物片段集锦的情况。故事性强的节目,则一般采用平实的讲述风格。

《动物世界》有两个系列节目采取了这种解说词风格。一个是三集影片《闲话昆虫》,从标题就可以看到既然是闲话,那语言形态一定向轻松淡然的方面靠拢了。这些解说词,是使观众笑出声的。影片中的解说词有角色分工,有成年的,有少年的,也有老年的。让观众在欢笑中学到了很多虫子的知识,让我也感觉到那些样貌平凡的虫子也显得好看了许多。

案例 《闲话昆虫——华丽变身记》:我们知道昆虫有变态行为,幼虫因为生活不同和食物不同会有各种形态,幼虫在成长的过程中逐渐变大,外层的外骨骼和皮肤就会被变大的身体撑破,并慢慢脱落,新的一层表皮长出来,幼虫要经历多次这样的变化才能长成成虫。

这部影片就是讲述这样一个行为,出场的昆虫有青蝇、蟑螂。

青蝇1:"妹妹,没事吧?你没事吧?你倒是吱声啊,怎么没有动静?"

青蝇2:"真可怕,一定是什么怪物把她的内脏吸干了,就剩下这干巴巴的空壳了。"

蟑螂这时出场了,她对青蝇对着一个空壳议论的行为非常好奇。

蟑螂:"你们干什么呢?"

青蝇1:"哎呀,居然说话了!"

蟑螂让青蝇说懵了。

蟑螂:"你个傻苍蝇,在我那个空壳上做什么?"

青蝇惊呆了,大白天,明明是个空壳怎么又看见蟑螂了。

青蝇2:"噢,活见鬼了,你有什么遗愿么?"

蟑螂:“呦呵,我在这儿呢!”

青蝇担忧又好奇地看着蟑螂,刚蜕皮的蟑螂会全身洁白,一点也不像她平时黑棕色的样子。

青蝇1:“哎,你怎么这么苍白呀?”

蟑螂:“我刚蜕壳呀!瞧我的新模样怎么样?”

青蝇2看了看:“差不多嘛,就是白了点。”

动物幽默小品为节目提供了无限可能。这类节目把一些动物的行为赋予了和它真实行为并不完全符合的内涵,用幽默的语言阐释,呈现出的形象和动物平时给人的印象有反差或根本不同,却给观众带来出其不意的欢乐。

案例 《电灯泡》:有一根树枝上落着三只斑鸠,后来一只飞走了。就这么一个简单的情节,被构建成了两位斑鸠情侣想有自己的私密空间,它们想尽办法,让这个“电灯泡”自己走人的故事。

斑鸠1对斑鸠2耳语:“你究竟说不说,你不说我就说了!”

斑鸠2:“好吧好吧。哎,劳驾。”

斑鸠3:“有什么事吗?”

斑鸠2:“快过年了,你会不会那首过年的民谣啊?”

斑鸠3很实在,他确实会,于是他在斑鸠2的请求之下开始背诵。

斑鸠1:“那你能不能帮我背诵一下呢?”

斑鸠3:“什么？背一遍?”

斑鸠1:“嗯,就从二十三那天开始吧。”

斑鸠3:“呃,好吧。清清嗓子。二十三,糖果粘,二十四,扫房子,二十五,炸豆腐,二十六,炖羊肉,二十七,杀只鸡。”

这时候斑鸠2打断了斑鸠3的背诵。

斑鸠2:“嗯,麻烦在这里停一下。”

斑鸠3:“好啊。”

斑鸠2:“刚才歌谣里的二十七那天,要做什么,能重复一遍么?”

斑鸠3还在想歌谣里的二十七有没有背错。

斑鸠3:“二十七,杀只鸡?”

斑鸠1发话了,她把这句话往鸡身上引,目的是引起斑鸠3的恐慌。

斑鸠1:“嗯,你听着不觉得害怕吗?”

斑鸠3仔细思考了一下,以前从没有仔细想过,现在仔细想一想,二十七杀只鸡,二十七杀只鸡……

斑鸠3:“的确挺可怕的,瞧我们的模样,和家禽还真的有些像呢。”

斑鸠2:“那你还不快逃,逃得越远越好。给我俩腾个地方。”

我们再看到斑鸠时也许就会想起这个幽默桥段,为它们的“智慧”点赞。

猫头鹰在我们眼里是神秘而带着几分冷漠和威严的。这个夜间捕食者，大大的眼睛，眼神犀利无比，在食物稀缺的时候，它甚至可以为了保证自己有一个孩子存活下来，而对弱小的孩子下手。但是在下面这个情节中，你会改变自己对猫头鹰妈妈的看法，这也使得我们对猫头鹰温柔的一面有更加深入的了解。

案例 《动物扮演者》的主角是猫头鹰和它窝里的几个孩子。

众孩子:“老妈，老妈，再来玩儿猜谜游戏嘛!”

母猫头鹰:“还来呀，让我想想，有了!”

猫头鹰扭头，发出了牛叫声。

众孩子:“牛，那是牛叫声!”

母猫头鹰:“嗯，厉害，小家伙们，那我就再表演一遍。”

猫头鹰再次转过头去，这次配的声音是马的声音。

众孩子:“马！再来，再来一个。”

母猫头鹰:“这是最后一次了啊!”

猫头鹰的叫声并不悦耳，它昼伏夜出，飞行时飘忽无声，嗅觉又极为灵敏，人们会对它产生一些恐惧心理，但是这段情节中猫头鹰竟然可以唱歌。

母猫头鹰扭头，歌声响起。

众孩子:“西蒙·考威尔的曲子?”

母猫头鹰:“猜错了,哈哈,孩子们。这是猫头鹰乐队的新曲子《萤火虫》啊,哈哈,总不能每次都让你们赢吧。”

我们经常在《动物世界》里看到鱼鹰那样漂亮的捕鱼镜头,一只鱼鹰从高空向下俯冲,爪子在快要接近水面的时候伸开。一条大鱼轻轻地就被它的利爪抓住,然后飞走。这个画面是捕食者与猎物之间的争斗,但是下面的解说词很有新意,它把这样一个行为变成了出租车和乘车人。

案例 《鲑鱼出租车》:

司机:“车到了,刚才谁叫的出租车? 哦,我看到你了!请稍等,这就来,出租车到了。”

这时,画面里鱼鹰从水里抓到一条鱼,鱼就是乘客。

乘客:“啊啊! 这是怎么回事!”

司机:“看我是不是动作很快,请问您要去哪儿呢?”

乘客:“我没有叫车啊,请问你这是在干吗啊?”

司机:“恐怕我有些听不清楚,劳驾您说话声音大一些好吗?”

这时,鱼鹰抓住鱼在空中飞舞,鱼还在鱼鹰的利爪间挣扎,这和出租车还真有些相似之处。

顾客:“快放我回去,快放我回到水里去。”

司机:“放心吧,我一定把你送到目的地。”

顾客:“不是啦,你误会了,我说,请你把我放回河里去吧!”

空中有风,鱼鹰抓住鱼飞走,这与听不清句子,经常听错也很吻合,鱼一直在鱼鹰的利爪间挣扎,这和乘客的不同意上车也一致。

司机:“哦,你是要我先去河堤,然后接人回来?”

顾客:“不是啦!”

司机:“好啦,明白啦,来回一共30块。”

这些语言把我们带入一个耳背的人的场景之中,和耳背的人说话就是经常你说东他说西,交流困难。

司机:“好吧好吧,你要是觉得贵了,我给你打个折,二十五吧,开着途中咱们听点音乐,不介意吧?”

顾客大声喊叫,此时音乐响起,司机也跟着唱了起来,这些音效的处理和对话互相补充。

司机:“好吧,老先生您就放心吧,咱们说话间就到了,您就在下面舒舒服服地坐着吧。”

象海豹,起这个名字,它们呆萌的样子立刻在脑海里形成了动态影像。它们表现喜怒哀乐都非常夸张,当它们兴奋或者发怒的时候,面部肌肉和全身肌肉一起震动,鼻孔会张得很大,全身肌肉紧绷,当然还自带伴奏,就是它低沉的吼声。

最有特征的还是那向前移动的样子,短小的前肢怎么也支撑不了那重量可达30吨的笨重身体,于是,肚皮也变成了移动工具,用肚皮贴地加上那小前肢行动,很像是因为过度肥胖而走路困难。

发情的雄象海豹见到心仪的对象，心里即使急得着火，步子依然快不起来。

案例 《浪漫的象海豹》：

雄象海豹透过茫茫企鹅海看到了一头心仪的雌象海豹。

雄象海豹："哦，瞧！是她！那就是我的至爱！我的萨拉！我们终于能见面了！哦，我仿佛听到了天使在歌唱，我的心怦怦作响，那是烟花在绽放！我终于找到了你，世界才有意义。真的是你吧？对吗？我的此生至爱啊，萨拉！"

雄象海豹向雌象海豹笨拙地移动着，企鹅们极不情愿地让出道来。

萨拉："没错，是我。里奇，别激动啊。"

雄象海豹："萨拉，我，再也不会让你离开我了！"

这时的情景是两只象海豹在一起。

萨拉："哎，这样抱着我，我不是很舒服啊，里奇。"

雄象海豹用情很深，它把雌象海豹抱得更紧了。几吨重的身体压着小一些的雌象海豹，雄象海豹的爱就要这样表达。这时萨拉说话了。

萨拉："好啦好啦，你快把我捏死了。里奇，上次就因为这个分手的，你忘了?!"

北极熊经常出现在动画片里，角色定位是憨厚，温顺，踏实肯干，它是世界上最大的陆地食肉动物，嗅觉极其灵敏，可以捕捉到方圆15千米或者冰雪下1米深的气味，所以《动物世界》播出的影片中就有这样的形象：北极熊几乎用站立的姿势，用前肢撞击冰雪层，以撞出缝隙，捕捉下面的海豹或者鱼，它们反复撞击许多次，那种执着和坚持值得点赞。制作方就依据这个情节制作了一个有意思的情节。

案例　《生日礼物》：

北极熊："嗯，老爸老妈都出门了，让我来找一找我的生日礼物，他们肯定把礼物藏在冰层下面了，每次都这么干，太没有创意了！"

"礼物会是什么呢？看着像自行车，哈哈，真不错。等等，又有点像游戏机，那太走运了。不会是《蝙蝠侠》三部曲吧？那可不妙，我不喜欢蝙蝠侠啊。会不会是平板电脑？乐高积木？"

北极熊每次撞击冰面都会有不同的期待，对这个礼物做出了无限的畅想。

北极熊："也许是迪士尼乐园的门票？可是我去年都去玩过了啊？啊，难道是最新款的手机吗？那就太给力了。"

这时北极熊打开了冰层，头钻了进去。

北极熊："哦哦哦，水好冷，冻死了。哎呀，差点没把我冻死，看到礼物了！”

“不会吧，年年如此，又是一条鱼！”

北极熊抓到了一条鱼，那些所有的畅想只能留到明年了。

动物素材极其珍贵，一个镜头可能要几年才能得到，所以，把这些珍贵的素材再加工利用，使这些素材的利用率最大化。

用这种幽默化的、和动物真实行为不太相干的语言，使得影片达到很好的效果，并希望观众喜欢上这些动物，不要伤害它们。这正是制作人的初衷。

这些解说词都出自人类自己的经历，生日、爱情、约会、交通工具还有高科技产品……使这些影片更接地气，更易于被观众接受，而第一人称的手法则让观众感觉这些无厘头的事情发生在它们身上更亲切了。

现在是大屏和小屏联动的时代，大屏和小屏的产品是有差异的，不能用制作大屏产品的思维去制作小屏产品，但是，这种动物素材的解读方式大屏小屏都比较合适：影片可以拆分成多个微视频，这种解读方式也更适合年轻人的气质。

《动物世界》的解说词由内而外散发着热爱动物的真情实感，并且把这种情感始终如一地体现在解说词的每个字上。文字没有生僻字，不使用长句，充分为广泛的观众群体着想。幽默手法为小动物增加了吸引力，动物幽默小品又使宝贵素材延展了使用渠道。这些共同形成了《动物世界》有温度又幽默的人性化的解说词。

《动物世界》中的声音形象

声音形象是指运用各种声音元素来反映生活中的综合听觉形象。《动物世界》能受到观众喜爱，独特的声音形象是原因之一。本文通过对《动物世界》声音形象的定位、发展和塑造，分析使它具备独特性的要素和方法。

人类生活在一个多声音的环境之中，我们通过声音和人类沟通，也和身边的动物和自然界的动物进行沟通，以此传递我们想要表达的情感，并展开一系列的活动。声音也可以传播人类文化和思想情感。声音是人内在的外在体现，是由内而发的，是真情还是假意，透过声音就可以明悉。

一、语音四大要素：音高、音强、音长、音质

乌鸦的声音，沙哑、干涩，听得让人想逃离，心中产生烦躁之感；夏日聒噪的虫子，听得人心神不宁。黄鹂的声音婉转悠扬，干净而有穿透力，听之，独自行走的人都会笑出声来。声音表现多种多样，有的浑厚有力，有的甜美嘹亮，有

的急促,有的缓慢。这都是由声音的不同要素决定的。

通常我们也会把声音的元素表述为音调、音量、语速和音质。在发出声音的那一刻,这四种物理属性就会同时作用于听者的听觉神经细胞,让听者对不同的声音产生不同的印象。有些人音调太高,鼻音就会高起来,让人听起来猛打寒战,不舒服的感觉传遍全身。这就会影响到听者对此人的感觉,对他是否稳重存疑。音量的大小取决于发音时用力的程度。说话用力,音量就大,试想当我们和小孩子说话的时候,音量适中,会赢得小孩子的信任和微笑。如果太大,就会给人造成命令和强制的感觉,如果用这种方式寻求帮助,恐怕适得其反。但是如果音量小,首先给人的印象就是欠缺自信。语速则是由发音的长短决定的,《新闻播报》采用的声音语速快,这样可以在短时间内传达更多的内容。同时,新闻的真实、及时、准确的特性和这种快语速播报方式契合。但是,如果是一般人掌握不好自己的声音长短,说话语速过快时,上气不接下气,就会降低别人的接受能力,让人也会跟着产生急躁情绪。如果说话像《疯狂动物城》中的树懒一样,一个字一个字拖着长音蹦出来,听的人会崩溃的,会替他着急。音质决定着自己的个性特色。每个人的声音都不一样,即使只闻其声,熟悉此人的人们也一听便知。音质是一个声音区别于其他声音的关键。

二、《动物世界》的声音定位

基于以上对声音特性的了解,《动物世界》作为一个受众广泛的节目,一定不能像新闻播报那样带着公正的“冷感”,也不能像纪录片那样表露局外人的“淡然”,动物是鲜活的生命,这是对生命的讲述,我们需要没有锋芒的雅音,柔软、亲切、有温度,娓娓道来,使人身心愉悦,目的是使观众变得有爱心。

1. 热爱动物、热爱自然,使声音有温度

自然界是一个完整的生态系统,无论什么样的生物都是独一无二、不可或缺的。一个《动物世界》的解说员必具爱心和善良的品质。具备爱动物这个根本,在声音的处理上就会有分寸,体现在声音上,无论动物美或丑,都不能表露出情绪和倾向,客观公正,温暖有爱。要熟知动物,明白自然的万物都有存在的道理。人类和动物共处于自然循环之中,每一种生命都是这个循环中的一个点,多个点互相关联形成了这个循环之圆。每一种生命都是独特的。在欣赏小小的浮游生物、昆虫时,也要怀着感恩的心态。尽管它们处于食物链的最底端,但它们为众多的生物提供了初级的食物。鳄鱼在 7 000 万年前就已经出现在地球上,能生存至今,一定有它成功的秘诀。它像盔甲一样的外表就是成功进化的选择之一,但每当它在非洲马拉河中捕食角马时,大

家就会厌恶它。可是观众若想到它捕食的是老弱病残，它也有孩子需要照料，就会对它的行为有所了解，对鳄鱼的看法也会更加全面。这时声音里就不会有恨，对这种捕杀场面也会是一种很客观的描述。狮子族群中则有杀婴现象。雄狮争夺王位是这个狮群保持最强壮的基因传承的保证，因为王位争夺频繁发生，老狮王的孩子不能保证基因是最优良的，同时，狮群中雌狮如果养着孩子，就不会发情，就不会生下新狮王的孩子。故而，新狮王登位就会杀死前狮王的孩子。这时解说员的声音一定不能有怨恨，只是客观述说。在很多节目里，有爱的声音和客观描述的声音是要互相穿插的。这是因为一个完整的动物影片有主线和分支，主线讲述动物的故事，副线讲述动物所处的环境，在主线的描述中也可能出现有爱的声音和客观描述两种情况，分支或者副线则运用客观的声音描述。例如，影片《孟加拉虎的母性温情》，主线是孟加拉虎养育孩子的育儿之道，分支介绍了它们生活的地方是印度北部的兰加博尔国家公园，占地面积、不同季节的温度情况、动物分布、种类等等，这些分支一定是客观的描述。主线中母爱的段落一定是饱含着母爱的真情播讲的，但也有例外，有一期讲到虎妈妈在两个双胞胎孩子进食的时候行为和人类大为不同：她让个子大的先吃，小个子的孩子想吃的时候，她会发出咆哮声阻止它去进食，只有大个子吃完之后，小个子才会享用残羹剩饭，这背后藏着一个残酷的自然法则,妈妈要保证至少有一个孩子能够存活下来。在录这一段时,讲解员的声音没有怜惜和悲悯,只有客观描述,这是对自然法则最公正的解读。

2. 传递自然之爱,使声音柔和亲切

娓娓道出动物的故事,这时的声音应该传递着温暖,声声入耳,以声传情。我们每天都处于和人们的交流之中,能使人舒服的声音一定能更好传达信息和内容,因为它建立了很好的听觉渠道。电影《窈窕淑女》讲述一个卖花的乡村女孩被语言学教授改造成优雅贵妇的故事,奥黛丽·赫本扮演的乡村女孩低俗的口音引起了语言学家的注意,他夸口只要通过他的训练,卖花女也能成贵妇人。教授教她温文尔雅的语言,在他严格的训练之下,大改造终获成功。这部电影足以证明语言的魅力。大自然中,是一个个有血有肉的个体使生物链得以完整。我们和它们是密不可分的整体,爱它们,爱还是回馈到我们自身。述说它们的故事就像述说发生在我们身上的故事,用亲切、温柔才能传递我们心中所爱。

三、"我是它"的角色代入,使效果更生动

《动物世界》声音形象的定位经历了一个探索时期,这和社会的发展、节目片源形态的改变有关。整个定位的转变中,视角从刚开始"它是它"的旁观者转变成为现在"我是

它”的亲历者。

1. 早期《动物世界》的声音形象

《动物世界》于 1981 年 12 月 31 日开播，刚开播时，台里专题节目少之又少，于是《动物世界》基本由新闻播音员解说，每一位都字正腔圆，工作态度极为认真负责，甚至每篇稿件上都把重音、段落、停顿标出来。尽管这样，听起来还是播新闻之感。赵忠祥则以其专题节目的讲述方式更吸引观众。早期《动物世界》的作品侧重于动物生态的介绍，所以声音处理是以旁观者的视角进行介绍，侧重于平实客观，如“这里是非洲大草原，草原上生活着无数的动物……”那时《动物世界》可说是刚为观众打开了大自然之门，这些自然现象本身于观众已是难得一见。节目让大家耳目一新，感到奇妙无比，在这里能看到南极动物、北极动物、美洲和欧洲的动物，对于很少走出国门的人们无疑是大开眼界，《动物世界》前期也将重点放在普及动物知识上。

2. 近期《动物世界》的声音形象

20 世纪 90 年代后期，动物节目的创作发生了改变，由以前的连续几集的系列节目改变为有故事性的单本节目，每本只讲述一个故事，故事的讲述方法则采用戏剧化的叙事结构。如《狐狸一家》《长颈鹿的故事》《非洲野狗纽基的传说》等等，并且这种故事非常受观众欢迎，收视率最高时将近百分之三，动物故事中讲述的亲情、友情、爱情使人们找到了相通之处，有了认同感，而动物的样子和习性，他们已经见怪不怪了。

动物节目开始关注每一种动物的命运，这时，故事中动物的命运是牵动观众观看节目的重要因素，解说词也已拟人化处理，这就需要解说的声音让观众更有情感碰撞。“我是它”，指的是我们把自己变成了动物本身，而不是一个旁观者，我们就是它们其中的一员。我们可能是一只蚂蚁、一只狒狒、一头大象、一只猎豹或者狮子。当你是它的时候，更能体会它的生存状态和生活故事，观众就更有共情体验。要对动物的生活感同身受，《动物世界》的声音形象由此发生了改变。

四、采用不同声音形象的塑造方法

怎样用各种元素塑造我们已定位的声音形象，合理运用声音，正确传达节目内容的意义，这需要多方面下功夫。我们从以下几点来塑造《动物世界》独特的声音形象。

1. 身临其境，为声音形象提供丰富的背景墙

把自己放进去，体会节目中人物生活的场景和状况，在思想和身体上全部投入，这时声音就有所依存，就不会和节目两张皮。

动物带我游遍了世界，当一期节目讲述南极企鹅的故事时，脑部搜索引擎立刻搜出以下资料，南极洲大都被巨大

的冰雪所覆盖，全年平均气温只有零下 25 度，内陆平均温度零下 52 度，极端气温曾达到零下 89.2 度，是个巨大的天然冷库，地球 70%的淡水资源都储藏在这里，这里基本不降雨，风大，素有“白色沙漠”和“风库”之称，企鹅就是在这样的大环境中生活，并养育儿女。育儿不易，在这种极端条件下育儿更是有很多艰辛。融入动物所在的“环境”，你会有寒冷的感觉。在另一期节目讲述沙漠中的耳廓狐时，沙漠的信息又在脑中聚集，沙漠气候干燥，雨量稀少，温差极大，夏秋午间地表温度可以高达 60~80 摄氏度，夜间可以降至寒冷的 10 摄氏度以下。晴空万里，但风力强劲，若来雨必是大雨，雨水后又被瞬间蒸发或形成短时湖泊，真可以用“变幻无常”形容。这些场景在塑造声音形象时会有所依据，脑中有这些场景，声音就不会游离于画面之外。而这个富有知识信息含量的背景墙让声音形象有了根。

2. 融入其中，为声音形象找准定位

我们时常有分别心，你、我、他，三个称谓足以说明这点。融入其中就是“你是他”。你是他时，在他身上发生的事情就是在你身上发生的。就像你和他合一。

试想一下，若说今天他家的孩子一不小心掉到了水里，怎么努力也爬不上来，我说我家的孩子今天一不小心掉到了水里，怎么努力都爬不上来，两种说法给人的感觉是不同的。前者说他家的，我们最多关心一下，而后者发生在我自己身上,那场景历历在目,紧张、担心、恐惧一起袭来。这有点像录播和直播节目,当下正在发生的使人有近距离之感,也更真实,我们会随着节目的发展而一起有情绪起伏。

因此,《动物世界》的声音形象发生了视角的转变,就是起到这个作用。声音不再是一个旁观者,我们在说着我们狮子家、花豹家、老虎家发生的事情,这些看似小小的转变起到了非常好的作用,我们每天在给大家讲我家正在发生的事情,就有了直播的效果。人们对节目更加亲近了,也更好奇,“我家的事”激起了他们的好奇心。

解说员和节目融合得更好,节目的画面和声音贴合度更高,节目就更能传递所要表达的情绪。如一期关于赤狐母女雪儿和小雪的节目中就有很多声情并茂的解说:“在野生环境之中,一多半的幼赤狐活不到成年……我们试图寻找雪儿和小雪,但是却寻不到她们的踪影……她们究竟去了哪里,我们的搜寻在某一天被噩耗打断,人们在路上发现了一只死去的赤狐,这是小雪,她遭遇车祸,当场丧命……没等我们离开,一只幼狐意外地出现,孩子们不是应该早就离开妈妈了吗?它是不是在试图唤醒妈妈?”解说时自己就是它们,体验着它们的悲伤情绪——一个没了妈妈的孩子此时该是多么伤心!

在《豹与鳄鱼》节目中有这样一段:“尽管鳄鱼在水里翻滚,雄美洲豹皮拉塔还是成功地使鳄鱼致命,他带着胜利的喜悦将猎物拖入灌木丛深处……猎物个头不小，足以让他好几天吃喝不愁……此时，另一头美洲豹正在观察他。这是一头年轻的雄豹，大约6岁……和猎物激战之后，他很想放松一下，喝点水来解渴……年轻的雄豹看准这个机会……他朝藏着的短吻鳄尸体靠近，毫无顾忌地大吃起来……皮拉塔靠近灌木丛，他变得焦躁不安起来……他掉头离开了，只是默不作声地回到了河边……问题在于他老了……在这个年纪与年轻雄性争斗，实在太危险了，皮拉塔别无选择，只好放弃。”

一位观众说，看了这段，他体会到了皮拉塔的无奈，这段声音和画面契合得太好了。苍老导致体力不支，争斗只能更受伤。这说明这种处理声音的方式收获了好的效果。

3. 柔和亲切、娓娓道来，为声音形象打造独特魅力

《动物世界》是一个老少皆宜的节目，而节目中的动物、自然知识是融在故事之中的，温柔亲切的声音会向人们传递温暖，娓娓道来的述说则传递着信任与友好，这种呈现方式在专题节目中还是有它的独特性，仅凭此，观众就能认出是《动物世界》的节目。

曾经有这样一个故事，一位同事收养了两只流浪猫，当然这两只猫现在都有了人名，一位叫秋秋，一位叫妞娃，有一天同事见到我说，我们一家都是你的粉丝，包括秋秋和妞娃。她发来视频，两只猫在看《动物世界》，并附上一句话：

两位在认真学习。她说，只要它们看到了《动物世界》，就立刻过来，目不转睛地观看，除了优美的画面，猫是对声音极为敏感的动物，它可以听到 30~45 千赫的声音，而人只能听到 17 千赫，猫的听觉灵敏度基本是人类听觉的三倍，所以当一个锅盖掉落地上时，人们还没什么反应，而猫早已逃之夭夭。秋秋和妞娃能安静地看《动物世界》，说明其中的声音，它们觉得是舒服的。

还有一位作者曾写过一篇文章发表在报纸上，说自己患老年痴呆的父亲忘了很多事情，情绪烦躁，但当老人家看到《动物世界》时，还是被优美的画面和娓娓道来的声音所吸引，情绪变得平静，于是《动物世界》一直陪伴着他老年痴呆的父亲。

声音是有能量的，《动物世界》柔和亲切，娓娓道来的声音影响着人们，让人们产生了信任感、安全感，乐于倾听，由此也达到了寓教于乐、润物无声的效果。

4. 准确传情达意，为声音形象注入真实

要充分领会解说词的要义。很多解说词是翻译过来的，不同国家使用的表述方式，甚至幽默的呈现方式不一样。在备稿时必须和画面一起看，避免表错意。

一部动物故事拍摄时间有的长达 3~5 年，导演要从这些真实的素材中进行筛选、提炼、分析，然后进行艺术处理，创造出故事主人公和其他人物的情绪、动作、行为。而这种

自然真实，也是《动物世界》吸引观众的原因之一。故事的文本提供了这个故事的重要信息，解说要理解这些信息，充分表达出导演想要表达的情感。但是只有这个还不够，还要通过画面了解信息。

声调是单个词的调子，语调是一整句话的调子，这两个调决定了声音的高和低，或抑或扬。语调又有升调和降调两种基本类型，故事的文本是外国人所做，仅看文本不够，因为他们的幽默方式在没看到画面时会令人疑惑，无法把握准确的语调。当和画面对比着去观看时就会觉得甚为精妙。如《闲话昆虫》中的“养儿育女”文稿中就有这样的对白：

蠼螋母亲：听说瓢虫夫妻产完卵后就跑路了，有时候就吃掉几个卵，瞧，这对夫妻，真可怕，居然吃自己的孩子！然后又跑去吃蚜虫。和蚂蚁打来打去，就把自己的卵扔一边了。一旦卵孵化之后，这些瓢虫幼虫就互相攻击、自相残杀，难怪没爹妈教育的孩子可能会变坏，你要是聪明，千万别和瓢虫做邻居。

蠼螋母亲：唉！丫头！别动你弟弟。

蠼螋幼虫：我就是舔一口嘛。

蠼螋母亲：不行。

蠼螋母亲：你看看，稍微不注意都不行，嘿，丫头！和你说什么来着！丫头！

小蠼螋出生后会自相残杀，小幼虫说的舔一口，实际上是要杀死它的弟妹，而后面母亲的语言是惊慌、愤怒的。

对于这段文本，只有看了画面，我们才能准确地运用语气的变化表达出情感的变化。

同样一句话，语调不同，意义会谬之千里。在《狮路历程》节目中，一只雌狮爱上了一只流浪狮子，它随着流浪狮子丈夫回到流浪狮群中。其他流浪狮子见到雌狮的第一句话是："你好！上流社会的访客！"这时流浪狮子是带着讥讽的语气，而绝不是赞美之词，需用升调表达此意，此处若不理解故事和文本，声音处理不当，将大错特错。

同样，狮子母亲看到自己的孩子长大，捕到了第一头猎物，母亲由衷地夸奖"孩子，你真棒！"这时应用降调，它传达的是母亲肯定、鼓励的情意，若说成是升调，就成了不信任的表示。

在塑造声音形象前要认真理解画面语言、文本语言，两者要互相参照结合，这样才能做到真实展示节目所要真正传达的内容要义，若扭曲了真实，传达的信息就失去了正确性。

5. 节奏为声音形象注入感染基因

动物故事节目都是为大家讲述一个坎坷曲折、或悲或喜的故事，现在很多文本的架构已经按照戏剧的结构安排，所以人物、矛盾冲突、故事张力都很完备，这种感情因素浓厚，故事情节曲折的作品，更是着重以形象的情绪因素发挥着它的艺术感染作用。

要掌握声音的速度节奏，就要控制好内心情绪的起伏变化，速度节奏的控制和变化要通过音调来实现，音调的轻重强弱或者吐字的快慢，或者重音的不同运用，以及长句、短句、整散句式的不同配合，共同促成效果的最终呈现。

讲故事，是《动物世界》对文本的要求，故事文本一定要口语化、接地气，避免文绉绉的书面语，句子也不能是长句。

随着动物故事的展开，内心的情绪也随之而起，动物一家聚在一起的休闲时光，节奏一定是舒缓的，如：温柔杀手花豹的描述中，“相比之下，邻居穆达丽与孩子的相处就轻松多了，她脾气好，充满了爱心，玩耍能让母女之间的感情更加牢固，即便啃咬也是充满了柔情蜜意”中，舒缓的节奏体现出一种幸福相爱的母子亲情。当危机来临的时候，情绪中一定是有紧张、担心，所以声音的处理一定也要是带着这种情绪并做到快而不乱。如，母狮的故事中，“她发现这是个陌生的家伙，恐怕对孩子不利，她必须马上把幼崽们带走，但是行动一定要小心谨慎，一旦出了差错，对方很可能会跟上来……这非常危险，雄狮很可能会要了她的命，但是他的目标却不是母狮，而是那些幼崽……母狮试图挑衅对方，把他从孩子身边引开。”紧张气氛到了极点，母狮的那些孩子命悬一线，能不能引开雄狮尚属未知。此处的声音处理也带着疑问和紧张，但是当说到"雄狮终于不胜其扰地跑开了"时，心里的大石头落了地，节奏再次变慢。

这种节奏的变化让动物故事更加感染人，这时故事也变得立体，人物也变得丰满，和画面、音乐高度契合，带着人们进入动物故事，让观众和我们拥有共同的情绪体验，这样人们会随着故事的推进而欣喜、狂欢，也会伤心落泪，带着期待看完整个故事。

声音是可以带出画面感的，很多忙碌的人打开电视，可能没时间看画面，只听声音也能知道故事的发展。《动物世界》的声音形象带着人们进入一个个动物故事，体验动物们的家庭生活，喜怒哀乐，悲欢离合，让人们与它们共经历起伏，这就是声音想传达的思想情谊。

6. 把生活的感悟融入声音，使声音表达更为丰满

随着时间的推移，人生阅历使我们对生活有了更深的感触和觉悟。经历越多，感悟越深。这些感悟更有利于我们理解动物的行为，让声音表达更加丰满、准确。动物有和人类相通的情感，所以我们对人类情感的感悟可以类比着融入对节目主人公真实情感的体验之中。

亲情、爱情、友情，动物一样存在。动物妈妈为了孩子也和人类一样奋不顾身，一位鸵鸟妈妈，为了骗过追赶孩子的猎豹，竟然自己装瘸，意思是告诉猎豹我已残，跑不快，你来追我吧。妈妈把自己置于危险之中以换得孩子的生命。

这和在自然灾难面前，人类妈妈把孩子抱在胸前，用自己的生命保护孩子同理、同心。在《天生猎手》这期节目中，有一群虎鲸攻击灰鲸母子的紧张情节，这种情节难得一见。解说时，我同时体会着四种情绪，一要体会灰鲸妈妈保护孩子的决心和无奈，二要体会小灰鲸的惊恐，三要体会虎鲸志在必得的决心，四要体会大自然法则背后的意味。在解说不同角色的行为时，声音和情绪要和角色所处的环境一致，如此，解说的张弛节奏就形成了。虎鲸集体出动，各有分工，它们压制着小灰鲸不让它探头到海面换气，灰鲸妈妈奋力保护，但最终寡不敌众，小灰鲸失去生命。一位母亲看了这段节目，告诉我说她流泪了，她体会到了妈妈的不易。爱情在《动物世界》中有很多也浪漫至极。鹇鹏求偶的舞蹈让人类艳羡不已，雌雄踩着水花踏歌而行，一致的节拍和昂扬的身姿简直就是水上芭蕾。这时，你会想到那些相爱的男女，甜甜蜜蜜，一刻也不想分开。此处声音处理中一定有真情意：多想自己就是那只鹇鹏！浪漫婚礼是人类的长项。我们时常为朋友们的婚礼感动，因为它见证着爱情的美好。《园丁鸟》节目播出后，曾有女士感叹：男士们真该学学雄园丁鸟了！她甚至有些羡慕雌园丁鸟了。雄园丁鸟为了求偶，为自己未来的伴侣准备了一个超大的房子。里面应有尽有，鲜花铺满巢穴，还采集了甲虫的翅鞘，在巢穴中闪闪发亮，园丁鸟只有 21～38 厘米大小，体重也只有 70～230 克重，建造如此奢华的建筑让我们对这个小小的精灵刮目相看。此处的声音处理中一定有得意自豪之意。

五、一个节目的声音形象要一以贯之，成为栏目的特色符号

特色是指一种事物明显区别于其他事物的风格和形式。拍摄中有主观镜头，是指用节目中展现角色观点的主观镜头。把摄影机的镜头当作剧中人的眼睛，直接“目击”其他人、事、物的情景。它因代表了剧中人物对人或物的主观印象，带有明显的主观色彩，也更可能使观众产生身临其境、感同身受的效果，进而使观众和人物进行情绪交流，获得共同的感受。《动物世界》的声音也有像主观镜头一样的视角。“我是它”，在《动物世界》节目中，是动物甲、乙、丙、丁直接和观众交流。

在互联网时代，大屏小屏争相竞放，自然类节目也日趋繁多，保有自己的特色尤为重要。如果做千面女郎，便失去了自己的特点，人们不知你是何方人士。老字号就因为有特色，人们才喜欢，才经久不衰。在浮躁的时候，更要保持定力。

在自然影片中，《动物世界》的声音形象是独特的，它和片头一直沿用的音乐共同形成独特的符号。这种柔和亲切、娓娓道来的声音形象，以“我是它”的视角通过对声音形

象的多方面塑造，成为《动物世界》的标志形象之一。它不说教，润物无声，把很多动物保护的道理，人与自然和谐的理念，通过声音，像空气一样渗入人们内心，人们接受了，并且对自然、对动物的观念发生着正向改变。有人因为观看《动物世界》，成了动物保护志愿者；有人因为观看《动物世界》，理解了生命的不易，更加珍惜生命；有人因为观看《动物世界》，看到动物历经坎坷，依然永不言弃，并因此增加了对生活的勇气和信心；有人因为观看《动物世界》，克服了自己的坏习气，使自己温柔善良了许多；有很多人因为《动物世界》，了解了这个星球上和我们共同生活的生命，了解了大自然是一个大家庭，每有一种动物灭绝，人类也向灭绝更近了一步，并把人与自然和谐理念的贯彻变成了自觉行动。从 1981 年 12 月 31 日开播，《动物世界》的前辈们默默地把自己最美好的生命时光献给了《动物世界》，栏目现有的制作人员都觉得自己从事着一个高尚的公益事业，他们精心制作每一期节目，力图使传播达到最好的效果，几代人的努力使《动物世界》变成窖藏的陈酿，历久弥香。在央视网络点击量统计中，《动物世界》在深夜时段的点击量依然在全台几百个栏目中位居前 20 名。节目组所要做的就是保持自己的独特性，用声音带着观众进入自然世界，感受自然美好，传递正能量。

《动物世界》的三性统一

《动物世界》开播37年来，一直受到大众的欢迎，从收视人群分析来看，小到儿童大到耄耋老人，从低学历到高学历人群，从城市到农村，涵盖了方方面面。本文试图从《动物世界》的内容分析和本土化制作来探究它如何做到思想性、艺术性、观赏性的“三性统一”。

在20世纪80年代初，改革开放已经开启，环境保护工作已被高度重视，人们开始关注赖以生存的家园，自然影片已经崭露头角，中央电视台以关注自然环境的敏锐眼光，抓住了时代赋予的机遇，开先河创办了《动物世界》栏目。37年来，《动物世界》影响了一代又一代人，它用自己精彩的内容发挥着寓教于乐的作用，把思想性根植在万花筒式的影片之中，潜移默化地传递着社会主义核心价值观。用“三性统一”的节目让观众体验情感、希望，获得知识给养。

“三性统一”的优秀作品是人民的迫切需求。随着人民生活的不断提高，人们求知求美的愿望更加强烈，精神文化需求也更加旺盛,“三性统一”的作品可以坚定人们对美好生活的信心,增添开拓奋进的力量。

三性是指思想性,艺术性,观赏性。

思想性是传播者希望通过影片传达的价值观。这种价值观传递至观众,它要具有广泛性,正能量。无论何种文化产品,都是为了满足观众的精神需求,所以它的价值导向会影响观众。

艺术性是影片许多元素的结合,自然影片包括导演、摄像、音乐、配音、剪辑、特技、字幕等等工种,这些工种共同用力,呈现出一部有温度、有情感的作品。

观赏性是影片表现出来的美感和趣味性。它要有抓住观众的能力,试想如果观众不愿停下来欣赏,传播价值观就无从谈起,因此,好看是一部好的自然影片的前提。

思想性、艺术性、观赏性要统一,相互融合。忽视其中任何一种属性,在传播效果上就会大打折扣,无论是情感成本、人力成本还是资金成本都会受损。

《动物世界》作为一个拥有广泛观众的节目,从诞生之日起,就在人们的精神生活中扮演着重要角色,把主流价值观传达给观众。

一、《动物世界》的多样性，万变不离其宗

有文化学者研究认为,媒介传送意义的方式与被传送

的意义同样重要。研究者认为,意义不是透明的,而是隐藏的、潜在的,价值与意识形态由特定语言来夹带,是铸刻在语言里的[①]。

《动物世界》的影片集世界之精粹,我们从世界各地选取节目素材,这些节目拥有世界上顶级的制作团队,各个国家爱护大自然的人们用自己的智慧、精力、体力把自然界一个又一个极具观赏性、艺术性、思想性的故事呈现在我们面前。制作团队也来自不同国家,由不同人员组成。影片有自然历史类的,动物故事类的,也有动物板块类的。小到虫子,大到虎、豹、鲸。有凶猛无比的,也有温柔无限的。有空中的行者,也有地面的跑者,更有海洋中的游泳客。这多样的生物构成了《动物世界》丰富的节目内容。丰富的内容给了观众极强的视觉冲突和审美体验,但是万变不离其宗,那就是思想性的表达。不同的自然影片表达的思想性有不同侧重点。

社会主义核心价值观二十四字:富强,民主,文明,和谐;自由,平等,公正,法制;爱国,敬业,诚信,友善。这里面包含了我国社会主义现代化建设目标,有对美好生活的描述,也有公民基本道德规范。在《动物世界》选取影片时,核心价值观是引进节目与否的评判标准。

① 见戴安娜·克兰著,赵国新译《文化生产:媒体与都市艺术》,译林出版社,2001 年,第 80 页。

（1）积极向上的动物影片与观众的精神追求产生共鸣。在观看《动物世界》的时间里，要让观众生活得充实、有意义，而不是回想后觉得白白浪费了生命时光。《金豺夫妇》是讲述恩爱的金豺夫妇俩出双入对、配合默契的故事。金豺先生捕到猎物，把最好的部分留给妻子，夫妇俩把自己的小家打理得很好，儿子一岁大时，紧接着又有一窝孩子降生，虽然生活的担子重了许多，但是因为有夫妇俩共同面对大自然的风风雨雨，家族兴旺又和谐。《雌狮塔姆》讲述了一位违背自然规律，独自育儿的雌狮塔姆的故事。她把孩子藏在沼泽的高草丛中，独自去捕猎抚养四个小家伙。塔姆平静地为孩子做着一切，每一次艰难的狩猎后，都呼唤孩子们进食。为了躲避鬣狗等可能伤害到孩子的动物，她不停地搬家，她所有的选择都是出于爱。《虎妈妈的五口之家》讲述了一位虎妈妈独自带大自己四个孩子的故事。她捕猎受伤后，便自己静静地躲在一个孩子们看不见的地方，舔着自己的伤口，独自疗伤，因为她不想让孩子们担心。《非洲野狗纽基的传说》中，一只野狗在经历了失去亲人、变成孤儿流浪、找到一只雌野狗建立家庭生下孩子、妻子被人类猎杀、孩子缺水而死、自己又重新流浪后，因为不放弃的精神，最终融入一个野狗群，成为野狗群的首领。纽基成了打不倒的“狗坚强”。这些作品观赏性和艺术性兼具，为传达内在的思想性提供了极好的条件。

（2）高科技的使用激发着观众的好奇心和学习热情。37年来持续播出动物影片，这让观众对动物都非常熟悉了。而要激起观众的观看热情，就要使相同的动物出现时有不一样的惊喜。科技的高速发展为影片带来了不一样的视角，这些视角让观众感到新奇。新奇的东西激发了观众一探究竟的强烈愿望。《生命的速度》是一个三集的系列节目，它用最先进的摄影技术，揭开生命蕴含的奥秘，那些迅如闪电的捕食瞬间，可能眨眼而过，不会为我们留下印象。但是用了高速摄影机等一系列高技术设备，观众会发现，捕食者的攻击技术令人震撼，无懈可击。角响尾蛇攻击沙漠鼠的画面在常规拍摄时，沙漠鼠毫发无损，但是高速摄影机下，一切真相大白。角响尾蛇为这次攻击做了全身准备。一连串的骨骼和肌肉共同作用、发力，在1/20秒内，角响尾蛇就从上颚伸出了毒牙，用全力咬住了沙漠鼠的胸腹。这次进攻也传达着这样一种思想：要做好一件事情，必须全力以赴，调动一切力量，协调一致才能取得成功。

我们对沙漠很熟悉，那绵延的沙丘会让我们产生无限的遐想。但是沙丘怎样形成，我们并没有直观了解。于是，用高能显微镜和高速摄像机结合，把沙丘搬到录影棚里，在这个高技术设备面前，前所未见的沙漠奇观得以显现。风扬起的沙粒，层层堆积，它们几乎可以吞没一切。这告诉我们，人类对自然应有所敬畏，即使小小的沙子，也不能低估它的力量。汇涓成海，聚沙成丘，只要众志成城，积少成多，就会创造奇迹。

（3）好莱坞影片的叙事技巧和结构方式获得观众的认同。无论是电影、电视还是戏剧，都是将五彩斑斓的实景和生活方式用戏剧化的舞台方式展开，使人们对它有精神上的认同。美国电影学者伯格在谈到电影叙事特征时说道："通过自愿地暂时停止怀疑，观众在感情上受到电影的画面声音和音乐的影响，并且经常认同电影里的人物，在这个过程中学到一些关于自己和生活的东西。"①《动物世界》中的影片也遵循这种方式，赋予动物人性，以普遍人性的视角来叙述。把动物的生活和我们生活的价值观对应，使观众从心理上产生亲切感。我们发现，《动物世界》中很多动物都有名字：老虎希塔、雌豹美人、胡狼奎西、小公熊阿基亚克、雌狮曼雅莉等等，然后以平民化的视角切入，将动物家族的生活和这些动物身上发生的故事联系在一起，用各种方式，如幕式结构、板块结构，以丰富的镜头语言和画面剪辑的张弛节奏，让观众获得好的观赏体验和艺术享受，使人们潜移默化、润物无声地接收思想正能量。《出走的母狮》是以三幕式结构构架故事的。关于戏剧式结构，悉德 ·菲尔德有一个比较简明的定义："一系列互为关联的事变、情节或事

---

① 见阿瑟·阿萨·伯格著，姚媛译《通俗文化、媒介和日常生活中的叙事》，南京大学出版社，2002 年，第 163 页。

件按照线性安排最后导致一个戏剧性的结局"①。第一幕结束在狮群中的一头雌狮独自离开家族，到领地边缘一处安静的地方产仔。第二幕是雌狮与命运的抗争，在这个过程中有那么多的障碍，雌狮必须一一克服。独自抚养孩子有很多困难，流浪雄狮到来后，为了保护孩子，雌狮不停搬家，随着老狮王被打败，流浪狮子再次来到家门口寻找她的孩子，最终将她的孩子杀死。这一系列的事件将剧情推向高潮。第二幕的结尾以雌狮整夜都在呼唤自己的孩子这个剧情结束。第三幕则以雌狮又回到自己的狮群，生活回到以往的样子结束。母爱的伟大、无私，就在这惊险的戏剧冲突和引人入胜的情节中渗入了观众内心。

二、《动物世界》影片源头把控是实现三性统一的前提条件

在刚开始的选片阶段就要把三性统一的标准放到首位。因为不是自己立项拍摄，所以，要看懂、弄清影片表达什么样的价值观。自然影片市场上，作品良莠不齐，这就需要我们多看、多选、多比较，选出观赏性和艺术性强的、和中国价值观吻合或相近的影片，这也是实现三性统一的前期

---

① 见悉德·菲尔德著，钟大丰、鲍玉衍译《电影剧本写作基础》，世界图书出版公司，2012年，第13页。

工作。每年,制作人要在几百盘的试看带中做出选择,并作为第一观众,选出观众可能喜欢的影片。

观众手里的遥控器,行使着重要权利,不感兴趣的节目立即换台,想让他们再回来非常困难:几十个上星频道,来来回回看一次,一期节目可能就已播至尾声。加上新媒体的发展,观众也可以通过自己的好恶评价影片,所以好的影片可借此放大它的影响力,反之也有这样的放大效果。观众真正喜爱的是以通俗易懂的形式表达深刻的思想的影片。它一定不会是一个小众产品,更不是媚俗、无底线的娱乐化产品,而应该是承载着文化使命的精神文化产品。

《动物世界》制作人往往会在众多自然影片中,选择以下几类:

(1) 动物故事类影片。这类影片可以引起观众的情感共鸣,甚至可以成为观众的励志典范。2018 年初,央视的一期节目采访一位身残志坚的青年,他说在他最迷惘的时候,他受到的激励来自《动物世界》。《动物世界》有不同的动物故事,这些故事和人们的生活有相似之处,如《花豹柔情》《胡狼的一年》《豹子与鳄鱼》《巨藻林中的海獭》等等。

(2) 自然生态类影片。自然生态类的节目经常以宏大的场景讲述某一地域的自然景观和多样生物,它为观众打开一个自然之门,让观众看到无法企及的美丽自然,给他们惊奇和自然知识,唤起他们对自然的热爱之心,激发起大家保护自然的情感，如《野性美洲》《海洋》《蓝色星球》《狂野非洲》等等。其中，《蓝色星球》是讲述我们的蓝色海洋里的居民，观众难得一见。此片利用潜水艇下潜到深海，拍摄像外星人一样的动物，还有深海火山口独特的生态系统，开阔了观众的视野。

(3) 板块式影片。有一个主题统领下的板块类影片，虽然不像故事类节目有完整叙事，但是每一个情节是完整的。在每期影片中可以看到不同动物的不同情节，使这种题材的影片物种更加丰富。如《自然界的宝贝》，在大自然不同地方，妈妈对宝贝的养育策略截然不同。但是，无论是严格得甚至有些残酷，还是溺爱到可以牺牲自己，都是为了孩子长大独立。只是，母爱表达的方式多种多样。

(4) 动画和实景结合制作的动物电影。这是大制作影片，往往能实现口碑和收视率双赢。《狮路历程》就是一例。它讲述了一个狮子家族中发生的故事，家族雌狮马芝巴的妹妹在捕猎过程中受伤致死，留下了孤儿弗莱克，于是马芝巴承担起养育他的任务，视他为亲生孩子，随着她自己的孩子们长大。女儿索琪对狩猎有不同的看法，认为其残忍，而不去狩猎，母亲教育她要为家族承担责任，索琪一气之下离家出走，遇到了流浪狮群的一员，并生下了自己的孩子。作为流浪狮子的丈夫哈利并不会关心她、保护她，索琪还受到这个狮群雌性的排斥,她们怒目相向,其中一只流浪狮还杀死了索琪的两个孩子。在这个时候,索琪终于明白了家庭的重要,她带着她的孩子踏上了回家之旅。

与此同时,家族里的孤儿弗莱克总是提醒自己是个孤儿,并且与家族格格不入,于是有天离家出走。他的离开并没有引起多大的慌乱,但是他把流浪狮子带到了家族附近。流浪狮子们要抢夺王位,占有这个狮群,一场保卫家园的战斗就此打响……最后索琪找到了自己心仪的伴侣路殊,马芝巴也见到了自己的外孙子,索琪的哥哥离家去寻找新的草原和挑战。狮群重新恢复了平静,一个团结的大家族终于战胜了一切困难。

影片运用非洲大草原的真实场景和一部分真实动物,而另一部分动物做动画处理,使动物可以说话,二者衔接得天衣无缝。

优美的画面,恰当的音乐、音效配合着紧张刺激的情节,还有影片中传达的团结向上的生活理念互相支撑,有机融合,使这部影片获得了很好的反响。观众会把影片中的内容升华到自己的精神层面,让观众向好、向善,正确的价值观也便在不知不觉中传递出去。

不同题材,不同内容,都有和自己契合的艺术处理和表达形式。不过,这种表达形式需要有很高的观众接受度,经得起观众的检验。

三、呈现丰富的本土化表达和完善的思想性

三性统一的影片，另一层意思是指：观赏性、艺术性和思想性是支撑和递进的关系。观赏性，一定要赏心悦目，这是前提；艺术性带给观众丰富的情感审美体验，诸多元素有机契合形成的美学品质是基础；思想则是核心。有了观赏性，观众才渴望观看这部影片，才能形成传播的基础；有了艺术性，使观众有了更多的审美体验，影片内容的表达与观众的接受意愿会被强化；思想性则是潜移默化形成的，最终会在更高层次思维中获得思想升华和情操陶冶。三性统一一定是立体的，三者之间相互依存，互为支撑，又要高度有机融合，浑然一体。

《动物世界》以国外动物影片为片源，每一部影片中都有理念融入其中，中西方认知会有偏差。利用影片的观赏性和艺术性传播正确的价值观，这就需要在解说词上和画面剪辑上进行加工。

(1) 解说词本土化表达。西方文化偏外向张扬，中国文化则有内敛的气质。西方文化推崇个人主义，冒险精神；中国文化提倡天人合一，和谐恬淡，关注整体性，注重思想性和宣传教育性。

由于文化体系的不同，人们的语言表述也会存在差异。西方的语言观更强调的是语言的本质属性，更为直观，而中

国的语言则强调表意。将解说词进行再创作，是《动物世界》的必修课。有些节目有使用不当的词语，或者观念有偏颇的语言，或者是不文明的用语，这些要全部纠正。

（2）画面的剪辑。为了达到更好的传播效果，传播思想的声音，提高观赏性和艺术性是前提。我们会依照电影故事的制作手法来加工自然影片。这时，我们会在影片开始前的30秒，寻找和制作一个影片中最有可看度、最能抓住观众的“伟大时刻”，放在节目开始之前，和影片无缝衔接，作为影片的开端，并且寻找与这个影片主题匹配的主题曲。主题曲是当今中国或世界最热的歌曲或者电视剧的插曲，它可以出现在片头，也可以在片尾，也可以是影片中某一个特别的时刻，它强化着影片的主题思想性表达。如在《出走的母狮》中，狮王被打败，孤独的背影慢慢走远，我们为它插入了汪峰的《沧浪之歌》，“我要唱首沧浪之歌，响彻在这大地，用那最猛烈的孤独，寻找你那失落的骄傲”，从而渲染了当时的气氛，表达了老狮王的心情，同时讲述自然法则中优胜劣汰的道理，不强壮就会被打败。在《萌宠日记》中我们为它配上了《神犬小七》中的主题曲《不要忘记我爱你》：“我都会永远信赖你，无论你将我放在任何空间里，你对我的赞许是我最大的幸福，可是你要我怎样忘记你，留给我的回忆，不要忘记我爱你，不要忘记我想你，只要永远在你身边，无论生命多么短暂，不要忘记我爱你，是我心中的秘密,再给我多一点时间,我的爱统统都为你奉献。”看到这些狗狗,用这样一首歌,一下拉近了距离,人和动物的友情和深深的依恋拨动着观众心中之弦,狗狗们就是我们家里的一位成员。影片的思想性一定不是高呼的口号,它是一种无声的传递,若高喊着口号则适得其反,达不到好的传播效果。影片中不适宜的段落是需要删掉的,这些要从我国的大政方针上去对照,要澄清谬误,明辨是非,传播正确的价值观、人生观,绝对不能是偏颇扭曲的价值观。

自然影片作为文化产品的一个类别,它对社会风尚和文明建设同样会产生一定的影响,价值导向必须明确,这里没有模糊的地带。我们建设中国特色社会主义文化,要弘扬主流价值观,要成风化人,凝心聚力,中国梦也是每个人的梦想。自然影片天生是一个很好的传播载体,那些美丽的自然景观、迷人的动物天生具有观赏性,当然要在传播方式上多下功夫,不能把思想理念强加给观众,要做到让观众自愿认可。

四、用动物影片为提升中国文化软实力助力

提高国家文化软实力,是我们党和国家的一项重大战略任务。

核心价值观是文化软实力的灵魂、文化软实力建设的重点,这是决定文化性质和方向的最深层次要素。一个国

家的文化软实力,从根本上说,取决于其核心价值观的生命力、凝聚力、感召力。要切实把社会主义核心价值观,贯穿于社会生活的方方面面。要通过教育引导、舆论宣传、文化熏陶、实践养成、制度保障等,使社会主义核心价值观内化为人们的精神追求,外化为人们的自觉行动。

自然影片天生具有观赏性这一优势基因,传播思想性是我们的目的。无论何种影片,也无论何种表达方式,手段怎样,只要观众乐于接受,就可以在自然影片的文化熏陶中传递核心价值观。

要制作三性统一的作品还需要进一步提高节目制作技能。应以虚心的态度向各方优秀文化学习,为己所用。多看、多学国外的自然影片制作技巧,用到后期影片的重新加工整理上。多做差异化类型的尝试,使自然影片除了以上方式,还有更新颖的表达手段。也可以做动物电视剧的尝试。使观众审美更加多样化,延缓和降低审美疲劳。

那些经过时间证明、观众喜闻乐见的动物题材和内容要更精心制作,让它承载更多的思想性内涵。

在文化日益多元化的今天,自然影片以丰富的内容、多样的动物题材和形式对观众产生着不可替代的影响。要有穷尽国际市场上优秀自然影片的决心和行动,寻找好的自然影片,使观赏性和艺术性有前期保证。后期再进行本土化制作,勇于剪辑处理,善于将解说词二次重构,把社会主义核心价值观丰富的思想性深植其中。制作“三性统一”、观众喜爱的影片是《动物世界》义不容辞的责任。

作为制作人,肩负着文化人的光荣使命,要以时不我待和只争朝夕的精神投入工作,为共同的中国梦加油。

《动物世界》的母爱主题

自然界动物母爱的表现形式多种多样，有的像人类那样，温柔呵护，有的却相反，冷酷甚至残忍。本文试图对动物世界中的母爱方式选取典型故事进行归类整理分析，探索母爱不同表现形式背后更深层次的原因，以更好、更全面地理解《动物世界》的母爱主题。

母爱是母亲对子女亲近和爱抚的情感体验，它是一种伟大的情感，在儿童的成长期有着至关重要的作用，它表现为爱抚、关怀、照顾等一系列母性行为，是儿童早期发展的一种重要的精神影响，这种影响不能太少但也不能过量，这需要一个母亲极具智慧，并能理性把握。

动物的母爱和人类的相似，但却更为“理性”，尤其是食肉动物，它们处于食物链的顶端，能存活下来的一定是最优秀的个体，母亲在它们小时候就做出了选择，看似残忍但也不无道理，对于整个种群的优化极具正面意义。在这个时候，母亲可能考虑最多的是种群，而不是单独个体。

动物世界的母爱主要有以下几种表现方式：

一、言传身教的母爱

母亲会通过声音和她和孩子进行交流，用行动来示范。以这种办法使孩子学到本领，这种表达爱的方式较为常见。尤其是教授孩子捕猎本领之时。

案例1　非洲大草原上的花豹是捕猎高手，但并不是每一次捕猎都能成功，因此，训练捕猎幼豹的技能极为关键。花豹是独行侠，养育孩子只能靠自己，所以要让幼豹在草原上生存，首先就要让它们掌握捕猎的本领。另外，花豹和猎豹不同，它还会把捕到的猎物拖到树上，以防止其他食肉动物抢食。因此，拖拽猎物上树也成为幼豹生存的必备技能，花豹母亲为了训练小花豹，就会采取言传身教的方法。

花豹妈妈是独自养育孩子的，捕到猎物后会交给孩子，不同的猎物起到不同的作用，一只小鸟猎物可以锻炼孩子的反应力。而遇到大型猎物到手的情况，由于担心被鬣狗抢走，花豹妈妈会把它拖到树上。但是小花豹力气小，不知道怎么才能把大于自己几倍的猎物拖上去，这时花豹妈妈会把猎物接过来示范正确的动作要领，凭借肩部肌肉把猎物拖上树。

花豹妈妈还会给幼豹示范如何攻击猎物的颈部，然后让小花豹模仿。这是孩子度过关键第一年的必要课程。

再大一点，花豹妈妈还要教孩子怎样将猎物藏在隐秘之处，好让鬣狗发现不了，她会捕到重量合适的猎物让小花豹练习叼着爬树。

案例 2　黑猩猩是我们人类的近亲，也是四大类人猿之一，它们是现存的与人类血缘关系最近的高级灵长类动物，它的基因和人类的相似，高达 98.77%，有些研究认为这一数据高达 99.4%。它是当今除人类以外智力水平最高的生物，这种高智商使它的母爱表现形式更接近人类，黑猩猩母亲会教小猩猩使用工具砸开坚果，也会教它们在白蚁洞穴钓蚂蚁。

在非洲雨林中，黑猩猩对一种坚果特别感兴趣。黑猩猩母亲会带着孩子到一片地下有大石头的地方，母亲把大石头作为砧板，把一个坚果放在石头凹陷处，再从旁边捡一块石头举过头顶砸向坚果。小猩猩对放置坚果的位置不熟练，黑猩猩妈妈会给它示范，并把坚果放好。更亲密的传授方式发生在黑猩猩用树枝在白蚁洞穴钓白蚁的时候，母亲拿着树枝深入白蚁洞穴，一下子就钓出白蚁，而小猩猩因为使用树枝不当而失败。这个时候黑猩猩母亲会折一个小一些、合适的树枝递给小猩猩，小猩猩接过树枝，伸进洞穴，直到钓出满树枝的白蚁。

二、 极致呵护的母爱

相对于鸟类和哺乳动物这些恒温动物，其他动物都属于变温动物，它们不能自己调节体温，温度随着外界温度的改变而改变。因此，它们只能通过寻找凉爽或者温暖的环境调节自己的体温，这时候，动物会呈现出极为罕见的母爱表现形式，这和它自身的特征习性密切相关。

案例1　蜥蜴产下卵后，卵的孵化需要温度，蜥蜴妈妈便不停地从地下洞穴中出来沐浴阳光，然后将自己晒热的身体蜷缩起来，把卵包裹在身子中央，一次又一次，重复这样的动作。

案例2　热带雨林中的火红丛蛙到了产卵的时候，会觉得雨林中树叶之间的小水洼是个安全又隐秘的环境，于是背着自己的孩子越过雨林中的障碍，开始攀爬之旅，直到爬到一个植物的叶腋上。叶腋中的水洼很安全，她便把自己的孩子放下来，但是，水中清洁无物，孩子怎样才能不饿肚子呢？于是她想了一个妙招，在这个小水洼中同时产下一枚卵，这枚卵就是她孩子唯一的食物，但是这些卵不会维持太久，于是火红丛蛙会再次返回产卵，孩子就靠这些卵作为食物，长大独立。这段时间，蛙妈妈要来来回回爬几百米的路程。

三、“冷酷无情”的母爱

这种母爱在我们看来是冰冷的，甚至有些绝情。她会不顾孩子的生死，甚至成为杀死孩子的凶手。

案例1　在印度首都新德里以南40千米的地方，是印度北部兰加博尔国家公园，占地300多平方千米，这是一个动物王国，形态各异的动物生活在这里。

一位名叫古达的孟加拉虎妈妈非常幸运地生下了双胞胎，两个小家伙个头不一样大。个头大一点的叫巴达，意思是大；小一点的叫查塔，意思是小。

在旱季，湖水水面下降，花鹿来到湖底吃美味嫩叶，古达这时捕获花鹿比较容易得手，她最终捕获了一只小花鹿。有了食物，她急不可待地呼唤她的双胞胎，小个儿的查塔一听到呼唤就跑过来，它知道妈妈那里有好吃的。那兴奋的心情从它蹦蹦跳跳的步态中洋溢出来，大个子的巴达则还懒洋洋地躺在妈妈身后，它们有一段时间没有吃东西了，便都向食物扑去。

这个时候，妈妈古达却做出了极为反常的举动。古达只允许大个子的巴达开始进食，如果小个子的查塔要去吃的话，妈妈就非常生气，她除了发出咆哮，面部表情和肢体动作都显出愤怒。

小个子查塔极力表示不满，它用低声咆哮表示自己的愤怒心情，但是妈妈这个时候依然铁石心肠。

大个子的巴达津津有味地吃着，可怜的小个子查塔就在旁边等待，也许这是它这个时候唯一能做的事情。

巴达吃饱了，挺着鼓鼓的肚皮离开，这时的食物只剩下了骨头和皮，小个子的查塔也只有这点食物。它之所以成为小个子的原因也大白于天下了。虎妈妈不会因为它弱小就更疼爱它,而是从它弱小后妈妈就偏向于大个头。

孟加拉虎的母爱形式看似冷酷,但却不无道理。印度的许多孟加拉虎都生活在国家公园里,食物会是阻碍小虎长大成人的主要原因,老虎是独居动物,小虎基本上没见过自己的父亲,在这个时候养育幼子的重任就落到了老虎母亲自己身上,要养育两个孩子对于单身母亲来说很不容易,因此保证有幼崽存活下来成了母亲坚守的底线。

案例2 在北极,穴鸮一下孵出了三个孩子,在食物缺乏的年景,要养大三个孩子非常困难,在这个时候,穴鸮妈妈会啄死弱小的,留下存活希望大的。这看似残忍的背后有食物匮乏的原因,也有穴鸮妈妈的选择的原因。妈妈是从种群的角度考虑,一定要有孩子生存下来,而弱小者在严酷的自然条件下,最终也是无法生存的。

四、悲情母爱

这种母爱发生在高等灵长类动物中,母亲和孩子之间的强韧纽带与人类相似。

如前所述,黑猩猩是当今除人类以外智力水平最高的动物,在黑猩猩母亲身上也体现了与人类相似的情感行为。

案例1 在西非热带雨林里,一只两岁的小猩猩生病了,它的妈妈触摸它的额头,貌似是在检查孩子是否发烧了。

小猩猩的体力慢慢衰退,妈妈却一直在它身边照顾它。最后小猩猩还是没有活过来,而在小猩猩死后的几个星期里,猩猩妈妈一直带着它的宝宝,妈妈是在悲痛吗?还是也不愿意接受这个事实?我们不知道这位妈妈在想什么。

案例2　一群流浪狒狒把狒狒一族里猴王最喜欢的幼崽抢走,狒狒家族全部出动展开营救计划,最终孩子还是死去,狒狒妈妈一直或抱或用手拿着孩子,谁都不让靠近,甚至还会为它理毛。

五、严厉的母爱

环境因素影响着母爱的表现形式,在极端条件下,母爱的行为也会有极端的呈现。

案例1　在非洲海滩上,海狮妈妈带着自己刚出生的孩子,海岸上暴露的岩石和沙地是它的育儿所。但天气非常炎热,头顶上天蓝如洗,没有一丝云彩,海狮黑色的皮肤吸热极快,在骄阳的炙烤下都快被晒焦了。即使这样,海狮妈妈对幼儿仍不离不弃,一起在高温下煎熬。

眼见气温不减,或将危及生命,有些海狮妈妈便用嘴或者用腿费力地往海里拖拽甚至踢她们的孩子,行为方式极为粗暴。孩子们撞到地上痛苦不已,凄厉的声音在海滩上回荡,即使这样,母亲仍没有停下这种看似疯狂的举动,她们知道在海水中孩子就不会被烤死。孩子们此时受到的皮肉之苦能换来性命无忧。

案例2 在北极,白颊黑雁把巢筑在高高的悬崖上,当孩子孵出来后,要从悬崖跳下,峭壁之下岩石林立,石头遍地,一株草都没有。从悬崖跳下来对孩子是极大的考验。父母会在悬崖下的乱石堆中等着孩子跳下来。这些小家伙刚出生就要面临这么残酷的考验。有的孩子一跃而下从一个岩石弹到另一个岩石,再在岩石堆中向下滚,很可能摔晕,过会儿才会爬起来,回到父母身边。有的从巢中摔下来一下就撞到岩石板上没了性命。白颊黑雁不像其他动物那样,把雏鸟养得长出翅膀再让孩子自己出去觅食,而是在孩子刚出生时就带它们做这种跳崖的事情。

石崖下面就是草场,小黑雁可以有食物,这种跳崖,事实证明存活的概率还较大。所以即使黑雁背负"最黑心妈妈"的名声,她还是采取了这种严厉的母爱方式。

六、有分寸的母爱

这种动物的母爱是极有分寸的,她不会溺爱孩子,当自己的孩子长大后一定会强迫它们离家远走,独立生活,这类母爱行为和领地、食物都有极大关系。

案例1 日本北海道赤狐一家共十口,这个家庭是妈妈雪儿和女儿小雪共同抚养孩子,女儿小雪的孩子,妈妈雪儿视同己出，妈妈和小雪轮流外出捕猎，无论是水里的鱼儿还是田野中的田鼠，甚至是蛇，都是她们的捕猎对象，她们甚至不怕危险，跟在人类拖拉机后面，发现被割草机刀片杀死的小动物就带回家里，当虎头海雕叼走孩子时，她们会不顾生死迎面痛击海雕。但是在小家伙四个月大的时候，妈妈的行为来了180度的转弯，孩子们过来讨吃的，一律遭到她的拒绝，甚至会露出锋利的牙齿呵斥这些小家伙。

因为四个月大的小赤狐到了自食其力的时候，它们只能去找新的领地，在妈妈的逼迫之下，它们必须自食其力，不能做啃老族。这个时候，这些小家伙在妈妈的眼里和其他赤狐没什么两样，而赶走这些赤狐，让它们自食其力，是妈妈最后的使命。

案例2　在《动物世界》一期关于老虎的节目中，虎妈妈养大了四个孩子，看着孩子长大妈妈当然高兴，但是，它们依旧依靠妈妈捕猎。在这个时候，妈妈做出了一个决定，既然孩子不走，妈妈出走，离开了孩子，留下孩子们独立生活，她不让孩子们跟她。这其实也是变相地让孩子自食其力。

七、舍己为子的母爱

动物的母爱有时也会发挥到极致，当自己的孩子遭到天敌捕杀时，母亲会义无反顾选择保护孩子，甚至会牺牲自己。

案例1　猎豹是草原上的短跑冠军，小鸵鸟也是他的食物。猎豹发现了小鸵鸟会去追赶,鸵鸟妈妈发现后,立即采取行动引开猎豹。她把危险引向自己。她开始装瘸,一步一拐向相反方向奔跑。猎豹当然希望捕个大块头猎物,对他来说更合算。于是,他向鸵鸟妈妈追去。鸵鸟妈妈看孩子走远,才开始躲避猎豹。

这种装瘸的方式还发生在鸟类身上。雪雁就是其中之一。

案例 2　狐狸要去捕捉小雪雁,雪雁妈妈装瘸,引开狐狸,狐狸去追一瘸一拐的雪雁,雪雁的孩子得救,逃脱了狐狸的追捕。

以上两例都是为了孩子把危险引向自己,一切只为保全孩子的生命。

而有的动物则因为保护幼崽牺牲了自己的性命。

案例 3　山谷里,野猪的母亲和孩子住在狼群的领地里,这片山谷到处是猎物和水源,足以养活一个巨大的狼群,不巧的是一名狼巡逻员偏偏发现了野猪。

野猪母亲灵敏的嗅觉感觉到不对劲,她和孩子们被监视了,她赶快把孩子藏到了灌木丛中,然后自己毅然决然地走出去。她要去引开狼的视线,自己的孩子太小,跑不快,若被狼群发现肯定丧命。

狼确实是捕猎能手,他们有多次的捕猎经验,而且全都身强力壮。成年野猪力大无穷,若是只有一只狼的话,那绝对不是野猪母亲的对手，但是这是一个狼群，共有 8 只狼。

野猪母亲尽可能地跑远一些，远离她弱小的孩子们。

狼群追了上来，他们排成一排，从容不迫地追赶，狼群与野猪母亲周旋，不让她有片刻喘息，迫使她不停地奔跑。

勇敢的野猪母亲再也跑不动了，因为总有一头狼跟在她的身后，她把狼引开了很远，她的孩子们安全了，而她却成了狼的食物。

而有一种蜘蛛则更为“舍己”。蜘蛛中的红螯蛛为了锻炼自己孩子的猎杀天性，把自己当作孩子的第一顿饭。

案例 4　红螯蛛把自己的卵随身携带着，幼螯蛛孵化出来后就爬到了母亲的背上，密密麻麻的小幼蛛在母亲的背上，每一个都是母亲的翻版，母亲还背着它们晒太阳，随着幼蛛长大，母亲做出了一个勇敢的决定，她要训练它们的猎杀天性，而自己则是第一个猎物。小幼蛛们全部活了下来，母亲用自己的身体教会了它们猎杀的技能。

动物世界中的母爱呈现方式极为多样，但是总体来说，它背后的主使是自然法则。在不同环境中会呈现不同的母爱方式，在极端情况下，母爱方式也会有所不同，很多种方式和人类的伦理呈现相似性，为了孩子，可以牺牲自己，言传身教、无微不至等，但是也有不同，动物对于弱者会遵循优胜劣汰的自然法则，而人类却更倾向于保护弱者。

《动物世界》影片中的人物维

《动物世界》影片中的戏剧性故事的讲述方式很多，这些故事的主人公形形色色，有的威武雄壮，有的胆小机灵，有的长相奇特，有的凶猛异常。但无论哪种，都能让观众观看这些影片后激发出情感共鸣。本文通过对动物影片中角色塑造的分析，探究这些影片的成功之道。

一部动物影片中，出场的动物可达十几个，但是从戏剧的角度而言，是影片里的动物主人公塑造了其他角色。“其他所有人物之所以能在故事中出现，首先是因为他们与主人公的关系以及他们每一个人在帮助刻画主人公复杂性格维方面所起的作用。”①

动物影片之所以成功，是因为它塑造的动物主人公是有性格、有温度的，形象是丰满的、立体的，也即主人公是多维度的。

---

① 见罗伯特·麦基著，周铁东译《故事：材质、结构、风格和银幕制作的原理》，中国电影出版社，2001 年，第 445 页。

一、主人公是动物角色中最多维的呈现

人物维可以分为三维、四维，甚至是多维的。在莎士比亚戏剧中，《哈姆雷特》这部悲剧作品代表了整个西方文艺复兴时期文学的最高成就，这其中哈姆雷特的复杂人物性格也起到了关键作用。哈姆雷特这个角色甚至不能用几个维度来描述，他有数不清的维度。

动物影片中的主人公生活在大自然中，它和它们生活在周边的邻居都会有关系。但那么多的动物不可能同时出现在影片里，即使它们确实和主人公有关，但是架构故事时会对这些有所取舍，以服从和主人公的关系。主人公占中心位置，其他的配角围绕着它，就像旋转木马的轴心和每个小马一样，并且每个角色也为其他角色的性格诠释发挥着作用。

《鳄鱼最后的晚餐》是一部以呈现巨大生存压力让人震撼的作品，它讲述了一个离开湖泊就无法生存的动物故事。在干旱时节，猎物和捕猎者聚到了这个拥挤的湖泊边，此时，喝口水说不定就会遭受灭顶之灾，很多难以见到的动物行为也会在此发生。

鳄鱼是这部影片的主角，在这里它的人物维有多个维度。在河马面前，它是友善的好邻居，两种庞然大物可以紧邻着共享沙滩，小鳄鱼甚至可以爬到河马的背上晒太阳。

解说词描述："更奇特的是湖里这条最小的鳄鱼，它已经成了河马的常客，在无比耐心的河马身上晒太阳，大概比在同类身边还要安全。"鳄鱼同时又是狡猾的小偷，不劳而获，爱占便宜。它们有意去骚扰捕到鱼的鹭。解说词描述："鹭要把猎物弄湿，然后才能吞进去，鳄鱼紧盯着，伺机在恰当的时刻冲过去，让鹭惊慌失措，弄掉鱼儿。"

在捕食时，鳄鱼又体现了它的凶猛，它冷酷的本性也暴露无遗。解说词道："绿鸽子不经常喝水，但是在这干旱的年头，这些鸟也不得不来喝水，它们根本意识不到危险的存在。"鳄鱼扑向空中，一口咬住了试图飞走的鸽子。随着干旱持续，生存压力增大，鳄鱼的凶猛冷酷的性格体现更加升级。一只雌性狒狒怀抱着小狒狒喝水，在几近干旱的水坑中，身上满是干泥的鳄鱼一口咬住了小狒狒的头部。

但是，这不是鳄鱼的全部性格，它也有温柔善良的母爱。鳄鱼的母爱又是那么打动观众。因为干旱，湖里的水已变成泥浆，原来的四条鳄鱼，现在只剩下一条，这条鳄鱼也突然离开，但是不久又出现在泥潭中，这个奇怪的举动让人摸不着头脑，后来看到，它岸上的孩子孵化出来了。它要把它们从窝里扒出来。解说词描述："她的秘密揭晓了，随着带泥的下颚轻轻张开，出来几只新孵出来的小鳄鱼，这是她从岸上的窝里带过来的。这也是她在泥里滞留不去的原因，她绝不会扔下自己的孩子不管。"

鳄鱼在生活中也有胆怯和恐惧的时候。巨蜥会吃掉它的卵,使它未出生的孩子夭折。另外,在大自然面前,即使再凶猛也要服从大自然的安排,炙热的太阳会烤干一切。

鳄鱼也有执着的一面。影片中,老鳄鱼王即使干死也不离开自己的领地。大多数鳄鱼离开它们终年生活的水塘,躲到树荫下或者旁边的洞穴中,而那只老鳄鱼王滞留在空空的湖里,先用泥巴盖住自己,最后抵不过干旱,一直坚持至死。

对于主人公鳄鱼多维度的展示令观众在观影过程中免于分神。鳄鱼这些性格和行为中的矛盾,紧紧抓住了观众的眼球。同时,鳄鱼的习性、行为也在此中得到了充分的展现,包括鳄鱼性格的矛盾性:冷酷与柔情兼具,胆怯和执着兼具。

有时候,影片主人公呈现的维度没有那么多,比如《黄鼠的私密生活》的主人公黄鼠。有只黄鼠弱小胆怯,连穴鸮都会抢占它的洞穴。解说词描述:“穴鸮与黄鼠生活在一起,虽然它们也能筑巢,但是通常会抢占黄鼠的洞穴。”金雕会突然发起袭击,红尾鵟也是。黄鼠狼若没有及时钻入洞穴,在地面上就会被红尾鵟抓到,还有大青蛇、金雕、美洲短尾猫、丛林狼、獾、响尾蛇,这么弱小的主人公要面对如此多的天敌,每一位配角的出现都是给主人公的巨大压力。但是在黄鼠身上体现着不屈不挠、顽强生存的性格。獾善于挖掘,在黄鼠妈妈不在家的时候,獾走近了黄鼠的孩子,黄鼠妈妈一发现便飞奔而来。解说词描述:"它冲入洞穴中,扑向侵略者。"真是一波未平,一波又起。一条响尾蛇又爬到了洞穴前,黄鼠用土堵住洞穴,把土扬到响尾蛇身上。解说词又描述:"如果响尾蛇不想被埋在土里,就只能退却。"小黄鼠大力量,黄鼠的这重性格在影片中得到充分展现。

最终,主人公的孩子被抚养长大,可以迈着蹒跚的脚步走进阳光里了。黄鼠妈妈面对着外界的众多天敌,夹缝求生。对主人公黄鼠性格双维度的展示,同样使黄鼠的形象丰满起来。弱小总会受欺负,但是在保护孩子时,无论敌人多么强大,黄鼠都会直面对手,无所畏惧。这个极大的性格反差让我们对黄鼠心生敬意。

二、 配角动物必须使主角动物的维度得以充分体现

动物的性格需要通过和它相关联的配角,通过不同地点,不同方式,采用不同行动使观众产生反应,并且要使主人公的复杂维度刻画保持前后一致。

《出走的母狮》的主人公是雌狮曼雅莉。在她身上有着温柔的一面,对孩子精心呵护。她宁可牺牲自己,也要保护孩子,挑战自然规律。她也有不服输、坚强的性格。流浪公狮的出现引出了曼雅莉的母爱之心和绝不屈服的决心。她怎能让自己即将长大的孩子丧命于流浪狮子之口。山伯克

老狮王的出现,坚定了她带领孩子离家的信念。因为山伯克之老,他已不是两个流浪年轻狮子的对手。斑马的出现,使曼雅莉陷入危机。因为要捕食斑马,她的身体侧面被划了一个大大的口子,在缺少食物时,却还要独自捕猎。一位温柔而坚强的母亲形象跃然而出。这些动物配角的出现完全为主人公服务,让主人公的性格通过一系列的情节变得明确并逐渐强化。

三、配角的分量小于主人公

动物配角可以是一维的,也可以是两维、三维的,这要视主人公的维度而定,但是一定不能喧宾夺主。

在《鳄鱼最后的晚宴》中,狒狒是配角之一,但是因为对鳄鱼至少可以从五个维度展开,所以狒狒就能从两个维度呈现。一个维度是:狒狒作为妈妈,为了孩子体现出顽强的个性。即使再危险的水塘,也要带着孩子去喝水,当孩子被鳄鱼咬了以后,所有狒狒向鳄鱼发起攻击,营救自己的孩子。另一个维度则让狒狒残忍的本性暴露无遗。解说词描述:“狒狒依然把持着水坑,一只渴极了的雌性羚羊准备为水而战,现在每天都会有几只狒狒的手掌上带着鲜血。它们的牺牲品是小黑斑羚。有些是灾难留下的孤儿,还有一些不过是暂时和父母失散了的。它们毫无戒备,对于一只强壮的雄性狒狒来说,是很容易到手的猎物。”原来对孩子呵护有加的狒狒也有它残忍凶猛的一面。狒狒在影片中的作用原本是为了体现鳄鱼残忍的性格,此处对其多元的描述则反映出恶劣自然环境中动物生存之艰难。

四、故意塑造小角色为扁平人物，但并非呆板

所有的动物角色都围绕着主人公,主人公的中心地位绝对不能动摇。动物配角都是为主人公服务的,为了体现主人公不同维度的时候不同配角才可以出现,这样才能把主人公多维度地展现出来。不同场景下的每个角色都会带出一些特质,用来表明不同角色的维度。我们在动物影片中经常看到一种动物角色只出现一次或者两次,但是这短暂的出现一定是有目的的,也足够让人眼前一亮。

《狮路历程》是一部动物影片,讲述的是一个狮子家族的故事。面对外敌入侵,原来矛盾重重的家族团结起来,战胜敌人,获得狮群平静如初的生活。狮群的两个孩子,莱纳斯和索琪是兄妹俩,小的时候顽皮、淘气,时常把自己置于危险之中。在这部影片中,大象只出现在一个情节之中,那就是莱纳斯带着妹妹索琪在河流上一棵横跨河流的枯树上玩耍,这时候大象走来,使树根的一端剧烈震动。这时,兄妹俩吓得差点掉到水里。索琪紧紧攀着树干,脚马上就要着水了。水中的鳄鱼也仅在这一场景中出现,两者共同推进了这个情节的发展,体现出主人公小母狮索琪身上有男

孩子的性格,也说明了草原上到处都有危机。这些都为她之后爱上流浪狮子并离家出走埋下伏笔。在《狮路历程》中,还有一个配角也只出现了一次,那就是眼镜王蛇。他会喷射毒液,使狮子双目失明。主人公索琪、哥哥莱纳斯和被索琪妈妈收养的孤儿弗莱克一起在游玩的时候遇到了眼镜王蛇。弗莱克出馊主意,让另两只小狮直视眼镜王蛇,导致眼镜王蛇发怒。索琪和哥哥一看不妙,快速跑开。这个情节阐释着主人公鲁莽、大胆的性格,同时也体现了其他配角的角色维度。在影片《老虎》中,也有全片只出现一次的配角,当老虎要捕食的时候,孔雀这个配角只发出一声惊恐的叫声,告诉了水鹿"有危险,快跑"。老虎已知暴露了捕猎计划,却依然要一试。大胆、好胜、自信的性格毫无保留地呈现出来。同样在《鳄鱼最后的晚餐》中,只出现了一次的巨嘴犀鸟也是在池塘干涸后发出撕裂的叫声,渲染着气氛,体现着主人公鳄鱼王坚守领地的执着。

这些只出现一次的配角更多只是完成一次性使命后就结束了。如果在这些角色身上有其他互动,会让观众产生误解,以为在影片的后面它们还会出现,若没有,就会让观众的预期被打破,影响观众的观影情绪。

当然,扁平化处理不能磨灭小角色在情节中发挥的重要作用。在动物影片中,主人公生活在大自然中,和它有关联的角色很多,找到这个角色和主人公之间最精彩的情节,一方面对主人公的形象而言多了一个体现侧面，另一方面也使影片可以全方面展现主人公的生活场景。

五、多人物维使一些“英雄”的形象更加丰满

《动物世界》的影片中不乏描绘“王者之路”的影片。这是动物影片中最能抓住人的类型。每一位王者都接受了生命中的一次次考验，面对食物、天敌、自然、种群内部斗争、疾病等多种压力，“王者”必须克服困难，勇敢向前。悉德·菲尔德在谈戏剧动作时曾将其描述为：“不断克服一个又一个的障碍而达到它的目的，实现自己需求的过程”。

传统的银幕英雄形象有一个大家想象中的形象：英勇、迷人、智慧，甚至性感。这些特质加深着我们对主人公的认同。但是英雄也不是完美无缺的，对人性自身弱点的战胜或者超越，使这些英雄即使有过错、遇到挫折，最终也能获得精神上的升华。

影片《黑狼崛起》的主人公302号黑狼就因为多维度的性格体现而使其形象更加真实。他勇敢，302号可以和兄弟们一起冲锋陷阵。他也有一些其他狼王没有的特质，为了寻找伴侣，302号成了一匹孤独的狼。解说词描绘：“他走向了未知，大部分公狼都选择这样离开家族，但是要走下去却艰难无比。”302号独自捕猎，只能抓住啮齿动物，但无论土狼怎样搅扰和嘲讽他，也动摇不了302号捕猎的决心。

302号来到黄石公园开阔的山谷前,这里有一个17只狼组成的强大狼群。领头狼视302号的到来为挑衅。但是,狼群中年轻的雌狼被他迷倒了,解说词描绘:“她的举动似乎很友好,说成是非常友好更为贴切。”对于他,这是一场爱慕与恐惧之间的拉锯战,雌狼父亲是强大的狼群首领,会杀死像302号狼这样的入侵者,这时要么逃命,要么迎战,而302号做出了第三种选择。这时他有点狡猾或者说是智慧。解说词描绘:“他面对挑战,然后立即臣服。”这种示弱的方式在狼群首领面前并不奏效,于是302号直接跑向了黄石公园园区道路,在这条道路上曾经有很多头狼死于交通事故,但是这同时也可以阻止攻击者向前。终于302号征服了狼王的女儿们,当狼王要攻击他时,他又跑回了那条道路。他没有用血拼的方式获得王位,也不会远离狼群,他游走在狼群边缘,和那些雌狼们约会。解说词描绘:“最终,他的能力有了结果,黑狼做了父亲。”他不是狼群的一员,也不是一位侵略者,也许黑狼在等待机会,终于有一天,雌狼和狼王都相继去世。

保持中庸,不求最好,也不愿承担过多责任,主人公的这一特征在下个情节上有所体现。

狼群来了一只陌生的黑狼,打算统治这个狼群,那是302号的弟弟,让人意想不到的是302号让弟弟480号当上了狼王。

302 号依然把心思放在繁殖计划上，弟弟来负责做决定，保护狼群，并且带头狩猎。

在毫无征兆的情况下，敌军当前，302 号的狼群被打散，损失惨重。

影片结束部分，302 号肩负起责任，英勇地满血回归。302 号离开了 480 号，并组建了自己的狼群，他成了当之无愧的狼王，保护自己的家族，并为了捕食冲在最前面，尽显狼王风姿。

英雄不是完美无缺的，他也有自己性格上的弱点。这些多维度的角色塑造，让人对 302 号印象深刻。302 号不是超人，性格上的弱点并没有削弱主人公的感染力。

六、人物维使那些长相奇特的动物获得更多认同感

一部动物影片，主人公是否能得到观众的认同，并产生情感共鸣，是评判影片成功与否的关键。动物影片中的动物都是本色出演，大自然赋予它们不同的样貌，其中的一些长相奇特，像蛇、鬣狗、鳄鱼等，对于这类动物，只看样子，人们并不能产生多少好感，但是动物影片中，它们也是主人公，要使这类影片的观众喜欢上主人公，可真要多想办法。人物维的塑造非常重要，它可以使观众改变观念，不因为它们的样子戴有色眼镜。

影片《鬣狗女王》是以鬣狗为主人公的，对她多维度的

塑造使我们看到了一个立体的女王。女王在小时候就表现出了勇敢无畏的性格，解说词描绘："头领经常赶来保护娜桑塔，对地位较低的鬣狗发起攻击，进一步巩固女儿的地位""娜桑塔勇敢地出现在了现场""其他小鬣狗都紧张不安，娜桑塔却毫无惧色"。女王在狩猎和保卫家族的时候也往往冲锋在前，她把家族安危放在第一位，即使自己受伤也义无反顾。这是位任劳任怨的女王，有老黄牛的性格。对于自己的孩子，她又呵护有加，是一位温柔的母亲。这种角色多维塑造往往淡化了观众对她样貌的观感，让观众更多地去将她视作一位全能的家族首领和母亲。

鳄鱼时常静止不动，有时候还张着布满尖牙的大嘴，尤其是观看马拉河上角马迁徙的影片时，多少角马被它们活活吃掉，这使观众对它们留下了负面印象。动物影片《鳄鱼》的主人公也是鳄鱼，角色塑造却很成功。让人意想不到的是，雄鳄是浪漫的约会对象，会在求偶时震动身体，扬起细细的水花，并发出极有魅力的低沉声音。当雄鳄在水中游泳时，姿势优雅，四肢在身旁，像一个优雅的绅士。当其从水中跃出时，那强壮的身体是力量的象征。这整个一鳄鱼 007，风度翩翩，迷人性感。对待自己的孩子，鳄鱼更是温柔至极。精心寻找一处产卵后，鳄鱼妈妈会用大脚用心地踩平，生怕捕食者发现。然后鳄鱼爸爸就一直守护在巢穴旁直到孩子出来。那露着尖牙的大嘴此时变成了温柔的摇篮。把孩子一个个从巢穴中扒出，放在嘴里，然后大嘴摇篮将把孩子带到清澈的水塘。干旱的时候，鳄鱼妈妈会在夜晚带着孩子举家迁徙，移入另一个有另外鳄鱼家庭的水塘，这个水塘就成了托儿所。水塘的鳄鱼女主人只接受孩子，不接受妈妈。此时，鳄鱼妈妈把自己的孩子放在这水塘里，自己慢慢走远。她低着头，孩子看着她的背影慢慢消失在画面中。浪漫、性感、迷人、优雅、温柔，这些维度的展示使观众被这个凶猛的家伙感动着。

《动物世界》中走出很多“人物”，每一个“人物”都是独一无二的，令人痴迷。形象化、性格化，使“人物”都散发着人性之美，用人物维的方式构建主人公，使主人公实现了表达美好思想的功能。用配角丰满主人公，也是为了传播正确的价值观。动物影片人物维的出色塑造是影片成功的重要原因。我们因此记住了这里的每个“人物”，想起他们的故事，我们会有情感起伏。这些“人物”就这样进入了你的心里。

聚焦 30 秒:《动物世界》宣传片策略

动物影片在《动物世界》中进行栏目化播出,在节目的一开始有 30 秒的宣传片,这是栏目重要的组成部分。要怎样靠这部分抓住观众,这是《动物世界》栏目编导用心发力的地方。本文通过栏目宣传片的文案和画面分析,探究宣传片的制作思路。

宣传片有多种功能,它可以体现风貌、展现实力、诠释理念、提升形象等等。对于《动物世界》节目的宣传片,我们有独特的认识,我们试图使它和节目融合在一起,扮演节目开端的角色。

元末明初陶宗仪《南村辍耕录》中提出了“六字法”,这常被用来评论古文写作。“凤头、猪肚、豹尾”,这些以动物形象描述的写作结构同样适用于《动物世界》节目。

顾名思义,开头要如凤凰头部一样美丽、精彩;中间要像猪肚一样饱满而圆实;结尾要像豹尾一样有力。

30秒宣传片作为节目的开头,时间短、作用大。观众会锁定节目,还是仅一眼之缘?这就依靠它发挥作用了。怎样把30秒宣传片做成一个"钩子"勾住观众,以激发观众的好奇心,这需要凝神费力。

一、创造激励事件

"当一个激励事件发生时,它必须是一个动态的、充分发展了的事件,而不是一个静态的或模糊的事件。"①这个事件必须打破主人公生活中各种力量的平衡,在动物影片中,我们就要找到重要情节,制造这样一个事件设置在开端。在这个30秒宣传片中,有以下几个要点需要满足:

(一)影片的主人公必须出场

主要情节一定是主人公身上发生的最具压力的事件,主人公和情节同等重要。

> 未来七日是决定生死的时刻,盆地狮群面对着前所未有的危机,最出色的猎手莫加在病痛中挣扎,整个狮群陷入了恐慌和饥饿,群体的力量一日日减退,敌人在一天天逼近,是放弃还是坚持,一切尽在未来七日。

---

① 见罗伯特·麦基著,周铁东译《故事:材质、结构、风格和银幕剧作的原理》,中国电影出版社,2001年,第221页。

《生死七日》是七日内发生在一个狮群家族的故事，故事发生在一个死火山口。由于近亲繁殖使种群的免疫力下降，雷克狮群最出色的猎手莫加身染重症，挣扎在死亡边缘，族群其他猎手老的老，少的少，缺乏捕猎力量或者技能，捕获不到猎物，狮群难以为继，在饥饿的边缘挣扎。而外族入侵已近在眼前，这期节目选出最佳猎手受伤、使狮群陷入危机这个关键事件作为宣传片内容。

在外面的灌木丛中，两头流浪的狮子正伺机夺取领地，并占有狮群。他们的目标是击败老王，将他的母狮后宫占为己有，雌狮曼雅莉的孩子尚未成年，她不能让孩子丧命于新首领。她带着孩子踏入了陌生的荒野。

《出走的母狮》讲述母狮曼雅莉为了不让新狮王杀死自己和老狮王的孩子，带着孩子离家出走，除了躲避新首领的追击，还承担起了独自养育孩子的重任。这种激励事件可以在影片中找到相应素材重新剪辑，剪辑成一个完整的情节，并且重新撰写解说词，使用恰当的音乐渲染气氛，相当于一个微型故事。激励事件要么直接发生在主人公身上，要么是主人公导致的。

（二）内容必须引发观众的全面反应

30 秒钟需要多少内容，什么样的内容才能引起观众的好奇,这取决于事件本身可能带给观众的冲击。

> 环尾狐猴的家里有一项独特的家规,如果捕食者来犯,同样是妈妈怀抱着女儿站出来与敌人对峙,就连家族之间争夺领地,也是妈妈们上阵拼杀,当妈妈施展拳脚的时候,孩子们使出浑身解数紧紧攀附在妈妈身上,但是这一次,小孩子从妈妈的背上掉了下来。

《妈妈们的战争》是讲述马达加斯加岛上狐猴家族的生活。狐猴家族之间经常为了领地而发生争斗。这期节目的宣传片结束时,已经把惊慌的情绪传达给了观众,那个掉在地上的小狐猴会被入侵者杀死吗?会被争斗者踩死吗?它自己还能再爬到妈妈的背上吗?观众会有一连串的疑问。

> 在这个月黑风高的夜晚,螃蟹岛集结了一支训练有素的鳄鱼部队,它们团结一致集体出击,鳄鱼敏捷的身手使平背龟无处可逃,鳄鱼夜间视力极好,感官高度灵敏,嗅觉也很发达。此时,沙滩下一窝小海龟即将破壳而出,鳄鱼正循着气味赶来。

《爬行动物的战场:鳄鱼入侵》则会刷新我们对鳄鱼的认知。它们宁愿放弃领地、食物和异性来旅行,看来这趟旅行一定是价值连城。鳄鱼们前往螃蟹岛开始一年一度的捕食海龟活动。海龟们的繁殖季成了鳄鱼们的饕餮季。鳄鱼们竟然在此时改变行为方式,互相合作,团结一致,并且组合成不同的队伍,从陆地、水中同时出击。这期节目的宣传片设计试图让观众在对这种大规模捕杀感到震惊的同时,对未出壳的小海龟的命运产生担忧。海龟能有多少个活着?鳄鱼会赶尽杀绝吗?这么大的巨兽对这么弱小的生命下手,观众按理会有强烈反应。

(三)尽快引入,避免刚开始时有过多铺垫

30秒时间,如果一个画面3秒钟的话,也只有10个画面,所以主情节不能推迟。我们不用担心观众的知识结构和生活阅历。《动物世界》播出了37年,观众们对这些动物都较熟悉,宣传片只需像一些优秀的剧作者一样,简约地描述它的人物。

> 当盛夏的太阳准备晒干河里的最后一点水,草原三巨头的分治格局被彻底打破了。狮子下了水,鳄鱼上了岸,河马吓得无处藏身,极端的气候可以打破一切规则,让三位草原上的巨人狭路相逢、殊死一搏。

片名“旱季三巨头”是指草原上的狮子、河马和大象,旱季来临的时候,因为这个极端气候使三巨头面临生存困难,产生了恩怨,喝不到水,吃不到食物,人都会发脾气,何况动物。于是和平的日子被残酷的现实打破。第一个画面是毒辣的太阳照着焦渴的三巨头家园,然后是混乱出现,特写和快速切换镜头以渲染紧张气氛,巨头间的紧张刺激的较量一触即发。

二、用故事的手法制作宣传片

找到激励事件,也要以故事的方式呈现,而不是平铺直叙的描述。讲故事是一门艺术,设置悬念是推动故事发展的重要因素,“悬念是所有叙事中最为重要的元素之一,它是指叙事中悬而未决的因素。叙述者在对事件的认识、信息的把握上都与观众处于同一层次,这种叙事方式因其结果的不可预知而充满悬念,而这些悬念能引起观众的期待心理,调动观众的收看情绪和兴趣。”①

(一)用故事提领悬念

创造戏剧冲突,在叙述故事的过程中提出一个个悬念。

这个与狼为伍,举止坐卧都和狼一模一样的人,来自文明发达的现代社会,我们非常好奇,他为什么宁愿变成一头茹毛饮血的野兽,宁愿把自己的一生都消磨

① 陈刚等著《Discovery:解密美国探索频道节目研究》,中国国际广播出版社,2008年,第43页。

在与狼共度的漫漫时光之中，也不愿意重返现代社会，他是谁，为什么会做出这样的选择呢？

《狼人》这部自然影片讲述了一位和狼生活在一起的男士，在英国一个公园的一角，他和狼相处非常融洽。为了真正融入这个狼群，作为这个狼群的首领，他会和狼共同进食，会用狼的互舔彼此的方式和狼打招呼，会使用狼的语言。这为研究狼的习性提供了很多事实依据。与狼为伍就足够让人震撼了，还和狼一起进食。虽然宣传片中只有一个悬念，观众的心中却产生了多个问号，他是什么目的，为什么要这样做？狼不会咬他吧？人和狼一样爬行、进食、嚎叫，几秒钟之内就抓住了观众，冲击着观众的内心，观众感受着那种紧张的气氛。

干旱使食物短缺，虎妈妈古达好不容易捕到了一头水鹿，她呼唤着孩子们，大点儿和小点儿的孩子因为长期饥饿，猛冲过来进食。但是，古达却严厉呵斥着小点儿的孩子，她不允许小的吃。皮包骨头的最小的孩子明显缺乏营养，它急需食物。妈妈古达为什么会有这种残忍的举动？

《孟加拉虎的母性温情》讲述虎妈妈独自育儿的故事。

母亲对孩子,无论是自然界的动物还是人类,都是无私的,但是这位虎妈妈宁愿看着瘦小的孩子急需食物也不允许它先吃,这在观众的脑海中画了一个大大的问号。若说这位妈妈不正常吧,看起来不是。这种有悖常理的举动其实有着虎妈妈深深的无奈。在食物缺乏的时候,她只能保证那个最强壮的孩子生存下来。观众带着悬念走进故事,看后又会为此心疼和心酸,感恩我们所拥有的美好生活。

(二) 用悬念引领故事

在宣传片一开始就开门见山、设置悬念,但是这个悬念的设置一定要足够引得起观众的好奇。

> 这些选择与野兽为伴的人心里装着怎样的爱?他们不被世人理解,和野兽生活在一起。无论这些野兽是怎样的长相,他们都平等看待。他们相信,这种情感可以被猛兽感知,可以在人间传递的。

《危险伴侣》讲述和动物生活在一起的养护员日常,他和动物们有着亲密友谊。狮子可以趴在他的背上,老虎对他也温顺如猫。即使长相怪异的鬣狗也会一刻不离左右。当悬念提出,观众很想知道他是怎么做到和这些凶猛动物相处如此融洽的。而随后的节目则会给观众一个完美的答案。

我是你的宝贝吗？在我眼里你不像是我的妈妈，在这么毒辣的太阳之下，你竟然用嘴拖拽我，用脚赶我，我多么想在海边的岩石上躺着，可是你看不惯我的这种做法。妈妈，请你告诉我这究竟是为什么？

《自然界的宝贝》讲述了各种各样生活在自然界的宝贝们，妈妈们为了养育他们用尽了自己一生的智慧。文案中描述的是一只海狮，在烈日之下，黑色的皮毛吸热，对很多没有经验的妈妈来说，她们的孩子会被太阳晒死，而妈妈却无能为力。而有经验的妈妈却用上段文字中这种鲁莽的行为驱赶小海狮到水中去。如果不这样，小海狮离不开妈妈，也不知道太阳的威力，还希望留在沙滩上。这种看似暴力的行为承载着母爱。悬念解开的时候，相信观众会对海狮妈妈的智慧由衷赞叹。

用悬念引领故事，宣传片最好不要剧透这个悬念的结尾，如此，这个悬念会一直带着观众走入正式节目之中，从情节发展上也增加了连贯性。若在宣传片中自问自答，就不是把宣传片作为节目开端的整体构思——悬念起不到勾住观众走进节目的作用，观众可能被宣传片吸引，然后就没有了然后，注意力转移。

三、拟人化表述，使动物变成“熟悉的陌生人”

动物拟人化开放了动物的表达空间，动物可以有情感、意识、心理活动,并且可以用语言表达出来。动物是大家熟悉的,是经典,会传情达意又使动物有新鲜感、陌生感。

动物电影的成功之道,关键一点是:动物不是木讷的,而是活灵活现可以说话的。真实的动物即使有情感沟通,我们也不太能看明白,因为它们的沟通方式和人类有别,和我们语言不通。拟人化就解决了这个问题,人类和动物沟通的障碍被去除了。这样,当然也增加了观众的认同感和共情能力。

在这个提倡素食的年代里,我们这些把鲜肉当作主菜的猎手在介绍自己的饮食习惯时颇有些自卑。可是,您能想象如果让一头狮子吃草会是怎样的情形?吃肉,也不是你们想得那么简单,对我们这些老练的猎手来说,也还有很多东西要学。

《食肉动物》讲述的是食肉动物捕食的故事,拟人化处理后,削减了人们对食肉动物捕食残忍的印象,捕食也是大自然必备的一环,它可以使被捕食者种群优化。

两年以前,我的四个孩子刚出生,那时他们还柔弱得像一只只小猫,一有风吹草动,我就心惊肉跳,生怕他们有闪失。

他们的爸爸是个独行侠，家里的事一点儿都不上心，我既要照看孩子，还得外出打猎，一眨眼工夫，孩子就走丢了。

这么操心费力地过了两年，孩子们都出落成大姑娘壮小伙了，人见了没有不夸的，可是谁知道一位母亲的艰辛呢？

《虎妈妈的五口之家》讲述一位单身妈妈育儿的不易，这种拟人化的表述很像我们邻家的一位阿姨。她含辛茹苦地养大了孩子，还有很多难事等着她。观众会为这位妈妈担心和牵挂。

我们这些鸟其貌不扬，一般人看到我们都会远远地走开。但是我们也有一种优势值得自我夸耀一番，虽然说没有老虎的尖牙利齿，也不像邻居鬣狗那样擅长打劫，却对肉味敏感。

我们能在一千米以外闻到肉的香味，并且能准确地分辨出是鲜肉还是腐肉，凭这本事，能不在草原上混出个模样吗？

《食腐动物秃鹫》讲述秃鹫觅食的故事以及和邻里之间的恩恩怨怨。秃鹫在动物中长相不好看，但是经这种拟人化的处理,秃鹫有血有肉,属于虽然外貌条件差但是有技术的有志青年。观众看到秃鹫跳着去吃腐食的样子会觉得有趣,不仅不讨厌,还有些赞叹。这时,模样已不再重要。

四、中华优秀传统文化的渗透增强宣传片的文化底蕴和时代内涵

中华文明绵延数千年,中华优秀传统文化是我们“民族文化的血脉”,书法、古诗、乐曲、神话寓言等等,都可以为宣传片所用,在当今时代背景下尤为合适。

> 千年以前,一位诗人记录了一个叫桃花源的地方,那里有世所罕见的奇景,还有近乎天堂的生息。许多年来,人们一直在寻找桃花源,却一次又一次和它失之交臂,世间的人们不再相信这个地方,在桃林的尽头,在水之源。

《动物的桃花源》讲述动物在丛林中生活的故事。宣传片中用到了魏晋时代陶渊明所作的《桃花源记》。桃花源的生活安宁和乐、自由平等,“芳草鲜美,落英缤纷”,凝聚了大自然的美好。这时,我们没有去到节目中动物所在的地方,但是却感受着桃花源般的自然气息,把自己也放入了节目的场景之中。

在神话里，白娘子盗来仙草救活了许仙。幸运的是，类似救命的仙草，不只存在于昆仑幻境，也在我们身边，隐居在角落里等待着被发现。让我们略感惭愧的是，一些动物必定是先于我们发现了一些秘密。

《梦幻国度的真相：神医尝百草》讲述动物们利用自然界的药物治病，猫痴迷于猫薄荷，猴子会吃一种黏土治疗肠胃疾病，会用一种树叶擦在身上防止蚊虫叮咬。当许仙和白娘子的故事出现在宣传片中，你就能对动物发现植物的治病秘密的故事更感兴趣。

五、现代音乐体现着宣传片的主题情绪

宣传片加入了音乐元素，使宣传片有了音乐形象，深化了宣传片的主题，使所表达的情感容易碰撞观众的心灵。

离开你的时候，我还是个孩子，但我依稀记得你的模样，你有一件绿色迷人的外衣，浑身散发着露水的清香，那是你独特迷人的气息，现在我即将归来，来赴你和我的约定。

宣传片解说词结束时，《我和草原有个约定》的歌声响起："我和草原有个约定，相约去诉说思念的情，如今依偎在

草原的怀抱,就让这约定凝成永恒。”

《和草原的约定之王者归来》讲述角马重回以前的草场的故事。迁徙的时候,角马的孩子尚小,回来的时候,孩子已是充满朝气的阳光青年。少时离开长大回来,儿时的草原依然青翠,看着青青的草场,角马心里应该是有诸多的情愫,像我们回到故乡一样。青草和角马的对话,也有着角马对草原深深的依赖和感恩。播放这首歌曲渲染了气氛,表达了角马此时的心情,说出了角马想说的话。

《动物世界》中动物影片多种多样,作为主人公的动物也很多,故事性强的动物影片,一般要依据故事冲突的制作方法,创造出激励事件,和节目无缝衔接。在激励事件中,主人公必须出场,尽快引入故事,故事内容必须引发观众的全面反应。用悬念牵住观众,增加黏性。为动物开放更多的表达空间,让它们有血肉之躯、会表达情感。这以后,再用中华优秀传统文化和现代流行音乐丰富宣传片内容,用它们进一步唤起人们内心的善良和情感。由此,使这短暂的30秒不仅抓住观众,而且要拉住观众,随着宣传片进入节目之中。

用真实换真情　动物影片的真实

人们渴望和大自然沟通，了解大自然中的邻居。动物们也希望了解人类，动物影片就是很好的沟通窗口。动物影片不同于人类影片，是大自然动物真实生活场景的记录，几乎要求百分之百的真实。大自然的动物原汁原味展现在观众面前，观众被这些邻居吸引，“体验”着它们的生活，进而感同身受，观众就对生命和自我也有了更多的启发和感悟。本文通过对动物影片实现真实的方法进行梳理、分析，说明真实这一特性在动物影片中的重要性。失去真实，动物影片就不能更好地传播价值观，真情将不复存在。

2017 年年末，我解说了一期《北海道赤狐》的动物影片，节目中讲述了母亲雪儿和女儿小雪共同抚养小雪的孩子的故事。《动物世界》中养育孩子的故事很多，但是母亲和女儿共处一室养育孩子却很罕见。

小雪第一次当妈妈，对育儿毫无经验，于是拖儿带女住到了妈妈家里，妈妈雪儿此时也为小雪生下了弟弟妹妹，于是出现了在一个巢穴里有多达10只幼崽的情况。妈妈把小雪的孩子视同己出。

雪儿凭自己的经验一次次使孩子们躲过捕食者。孩子们长大以后,离家远行,雪儿和小雪也离开了哺育孩子的洞穴,不知所踪。

摄制组到处寻找,想拍摄它们生活得怎样,就在这个时候,人们在路上发现了一只死去的雌性赤狐,这是小雪。它意外遭受车祸,当场丧命,一只幼狐陪在小雪身旁。此处是影片的高潮部分,这时录音室人员提出了质疑:怎么能肯定这就是小雪呢?

我对她做了这样的解释,这样的事情发生在小雪身上的可能性很大,此类影片最重要的是所有素材都是真实的,狐狸发生这样被撞的行为也是真实的,至于具体用什么样的故事架构,是依据怎样讲故事才能引人入胜、表达影片的主题思想来最终确定的。对于这部充满母爱的影片,唤起人们的爱心与善心最为重要。

我们会为《动物世界》中的情节和画面着迷。动物带着我们上天入地,大家则自然被动物吸引。镜头里南极企鹅在零下45摄氏度的凛冽寒风中抱团取暖,镜头外你可否想过那位大自然的摄影师也在孤独地忍受着严寒?我们看到刚果雨林的林间空地上,山地大猩猩在蝴蝶缤纷的草地中跳舞,这时你可否想到摄影师也要与热带雨林的闷热、昆虫为伴，端起的饭碗里面很可能爬了半碗虫子？一部影片的拍摄长的需要五六年的时间，摄影师们被自然雕刻得不用伪装亦能融入自然。我们看到的《动物世界》中每一个极致的画面背后都有着为了追求真实而努力着的动物影片制作人员付出的心血和智慧。

一、 科学先行，为真实提供理论支撑

对动物的拍摄首先要了解动物的习性。

成功的动物影片无不是以科学家的多年研究作为前提。

对一个摄制组来说，要对拍摄对象做大量前期工作，因此，找到研究这方面的科学家是获得拍摄对象信息的主要途径。例如，我们在拍摄中国独有物种、世界最濒危的有蹄类普氏原羚时，首先就是请中国科学院的研究人员加入我们的团队，他们通过长期研究，对普氏原羚的分布和习性已经掌握，包括：普氏原羚在哪里觅食？人类活动对其有何影响？草场分草到户，用围栏分割对它们的行为是否造成影响？它们何时发情又怎样育儿？它的天敌是什么？人类是否还有猎杀活动？等等。这些第一手资料使拍摄有的放矢，同时保证了对真实素材的正确解读。另外还有当地的牧民作为向导，而有关普氏原羚的所有资料则会建档以供查询。以上这些都是常规准备，有些节目还有更为特别的

准备。

《飞越地球》的主线是鸟类带着我们旅行。节目摄制耗费了四年的时间,跨越六大洲的四十多个国家。为了了解野生鸟类的迁徙路线,需要空中拍摄。怎样接近这些空中精灵是一个艰难的命题。首先把和人类熟悉的鸟群加入到同类迁徙的鸟类大军中,这样会使观众感到更为亲切,并用与以往不同的视角观察鸟类的习性。要拍成这样一部片子,首先要养鸟,做鸟的养父母。鸟类爱好者克里斯蒂安自己孵化了一群小黑雁,最初的两年里,这些黑雁认准了克里斯蒂安就是它们的父母,除此之外,他和家人还要教会黑雁克服恐惧,和滑翔翼一起飞行。摄影师尼尔和妻子则是一群雪雁的养父母。他们要锻炼雪雁的飞行肌肉,让它们学习长时间、远距离飞行,而且还要学会编队。秘鲁自然保护区的护林员费利克斯一年前饲养的一群五彩金刚鹦鹉已被放回到保护区里,他的任务是要让这群鹦鹉回来,绕着水中航行的船飞行,这无疑考验着费利克斯和鹦鹉们的感情。为了鹦鹉飞来,他为鹦鹉提供特殊的服务——给鹦鹉挠痒,挠痒的部位是鹦鹉自己够不着的。尽管鹦鹉在野生鸟群已待了 6 个月之久,但这个独特的挠痒痒方式还是使鹦鹉们又回到船边,摄制组这才拍摄到了让人惊异的鹦鹉绕船飞行近景。《蓝色星球》动用了全世界处于海洋科学领域最前沿的研究人员。海洋生物学家南茜研究逆戟鲸十四年,她为拍摄到逆戟鲸捕食小灰鲸提供了重要线索，根据她观察的结果，春天时灰鲸妈妈会带着小灰鲸一起走，当它们穿过蒙特雷湾时就没有了海岸的保护，妈妈和孩子无处藏身，逆戟鲸会在此时此地出现。科学先行，是拍摄真实的前提与保障。

二、 先进的拍摄设备，为真实提供新奇视角

心理学家弗洛伊德认为：视觉思维最接近人的深层“无意识”。用镜头造句是要使电视语言更符合现代人的视觉审美标准，更能在无意识的层次上打动受众。① 只有在动物不受打扰的情况下拍出的影片才能反映动物的真实生活。真实也要有细节、要好看，让真实的动物场景具有视觉冲击力和震撼效果，营造视觉奇观，科学技术使这些成为可能。无论是在空中还是水下，甚至洞穴里、森林中，科学技术都能使动物向大家走得更近。

隐蔽摄像机。非洲肯尼亚的博格利亚湖有大群的火烈鸟，它们被称为世界上最敏感的鸟类之一，摄制组找到火烈鸟喜爱饮水的地方，在热气腾腾的泥浆里埋下了摄像机，同时做了火烈鸟模型伪装火烈鸟。摄制组为了探索秃鹫的世界，拍摄到秃鹫从高空跨越非洲不同地方的景象，就让一只

---

① 陈钢等著《Discovery：解密美国探索频道节目研究》，中国国际广播出版社，2008 年，第 190 页。

秃鹫携带摄像机，然后训练它从滑翔翼上起飞，如此一来，它会从500米的高度起飞并随着热气流飞向更高处，最终摄像机从不同视角捕捉到了许多珍贵的画面。

摇臂摄像机。摇臂摄像技术也被运用于拍摄野生动物。在阿拉斯加的荒野，摄制组在寻找棕熊的踪迹，他们想拍到海雕从棕熊身边抢鱼的情景。我们知道，棕熊生性凶猛，但是又必须靠近，在这种情况下，摇臂摄像机最可行，摄制组最终如愿以偿。而捕捉日落时使用摇臂摄像机，则可以使360度全景尽收眼底。

紫外线灯。有些动物不喜欢阳光，并且身上有一种神秘物质，可以告知它们避开阳光。沙漠多毛蝎是北美洲最大的蝎子，也是避光动物中的一种。这时紫外线灯就派上了用场，在它的照射下，沙漠多毛蝎浑身都散发着怪异的荧光。这是从它的硬壳中发出来的。

内窥镜。很多动物生活在洞穴里，要一睹它的芳容比登天还难，而内窥镜可以深入洞穴之内，看到它们生活的细节。鸭嘴兽是卵生哺乳动物，育儿很隐秘，会把卵产在洞穴里。鸭嘴兽在孵化小鸭嘴兽时把洞口堵塞，我们观察不到它孵化的情况以及给孩子哺乳的方法，内窥镜就解决了这个问题。孵出的小家伙发育很不完全，鸭嘴兽妈妈既没有育儿袋也没有乳头，成束的乳腺直接开口于腹部乳腺区，小家伙用能伸缩的舌头就能吃到乳区渗出的妈妈的乳汁。

滑翔翼。为了寻找野生鸟类的迁徙路线，鸟类爱好者克里斯蒂安驾着滑翔翼，带着自己饲养的黑雁出发。经过训练，黑雁可以采取候鸟迁徙时的经典队形，并且能轻松地跟随着滑翔翼飞过鸟类的迁徙路线，拍摄到迁徙途中的景观。

新型无人机。想拍摄胆小的鸟儿飞行的壮观场景，新型无人机是秘密武器。无人机旋翼叶片十分小巧，这使它的噪声极低，不会惊扰到拍摄对象。

高速摄像机。常规拍摄时，有些细节不能更好体现出来，利用高速摄像机则可以弥补这个缺憾，为观众带来另一种非同一般的视角。角响尾蛇是耐心十足的猎人，它可以一动不动潜伏数天，等待猎物出现。沙漠鼠是它的猎物，静候多天之后它抓住了这个猎物。在常规拍摄下，沙漠鼠毫发无损，猎手和猎物相遇就像是一场邂逅，角响尾蛇从漫长等待到猛然出击的捕猎过程一点也不明显。但是，高速摄像机让观众看到响尾蛇为这次进攻所做的准备和完美发力。一连串肌肉和骨骼条件反射，在1/20秒内，角响尾蛇从上颚伸出毒牙，使出全力咬住沙漠鼠的胸腹。沙漠鼠被巨大的冲击力冲飞起来，角响尾蛇通过肌肉收缩将毒液注入它的体内。两次心跳之间，沙漠鼠的呼吸系统就开始衰竭。蛇松开毒牙时，已经记住了在猎物身上留下的独特化学标记，即使猎物逃跑，它也能准确追踪这种气味。一次攻击，因为有高速摄像机层层分解而变得如此惊心动魄。

高能显微镜和高速摄像机结合，打造出的进行微观录影的高速摄像机。广袤的沙漠干旱而迷人，在风力的作用下，微小的沙粒可以创造出30层楼高的沙丘。沙丘怎样慢慢形成？这个必须从微观角度进行观察。于是，摄制组将一小块沙丘带回了录影棚，在摄像机上使用显微镜，结合高能显微镜的高速摄像机拍摄到了形成沙丘的过程。沙丘是由食盐晶体大小的石英组成，在镜头的捕捉中，每一粒沙像宝石一样闪烁着光芒，整个画面都被这光芒充溢着，美得让人震惊。

空中侦察机和直升机。拍摄海洋生物，最难的是找到它们，茫茫大海想发现它们，那需要有多么好的运气。对于这种大范围的搜索，空中观察行之有效。于是直升机、空中侦察机便派上了用场。蓝鲸身长30多米，体重超过200吨，但是它在哪里繁衍后代，怎样迁徙，很少为人所知。摄制组首先用飞镖以电子无线电标牌对蓝鲸进行标记，蓝鲸每次呼吸时，小标牌记录下准确位置，然后把信号发送到卫星上。直升机在空中跟踪蓝鲸的迁徙路线，从空中进行拍摄。侦察机作为空中瞭望哨还会为水面摄制小组提供重要信息，精彩的逆戟鲸捕食小灰鲸的场景的拍摄中就有侦察机的功劳。

潜水艇。我们这个星球约60%的面积覆盖着平均深达

1 600 米的海洋，要了解深海动物非常困难。越往深水区，光线越暗，压力逐渐增加，水面 1 000 米以下的压力是水面上压力的 100 倍。这个水下世界也就极少潜水艇可抵达。通过使用潜水艇，观众看到了 20 世纪 90 年代发现的新的动物群落、盐水湖四周成千上万的贻贝、在海床上躺了一年半的 40 多吨重的灰鲸残骸、大量的深海食腐动物睡鲨、盲鳗、海床上的热液火山口，以及火山口附近最为活跃的生命绿洲。

滑降绳索装置。在雨林中拍摄动物时，很多动物在雨林高树丛中上下移动，要拍摄到它们非常困难。这时，安置一个滑降绳索就可以解决这个难题。滑降绳索能拉动几百千克的重物。然后，再遥控支架上的摄像机就可以穿越树冠，并且悄无声息，不会惊扰那些在树冠上生活的动物。一只迷路的小吼猴以每小时 30 千米的时速穿越树林也能被摄像机轻易捕捉到，并且还记录下了精彩的故事和特写镜头。小吼猴双脚和双手紧紧抓住树枝，并且有效地使用了“第三只手”，那就是它强有力的卷尾，但是它进入了角雕的视线，树下一条重达 36 千克的巨蚺也循着吼猴的气味悄悄爬过来，在这危机的包围圈中，吼猴响亮的声音发挥了重要作用，这个声音从猴群中发出，是迷路的小家伙找到了回家的方向。几分钟之内，它就回到了猴群之中。不同的物种生活在不同的高度，在一棵大树顶部装上一条绳索、一部高强度的轻质滑车和一台遥控摄像机，这个结合堪称完美。

如此，便可以拍摄到雨林这个垂直世界中的动物。比如，为了捕猎在树洞中安家的冠顶树蛙，猫眼蛇会用鳞片将自己伪装成树冠间透射出的阳光，当它将要抓到树蛙时，树蛙则可以从三层楼高的地方跃起，瞬间变成飞蛙。一个蛙界的跳伞者弓起背部，伸开四肢，带蹼的脚控制着降落。这使它安全远离了猫眼蛇，轻松躲避了一场致命伤害。

微距摄像机。动物影片中有许多让我们惊叹的画面，玻璃树蛙像水晶一样的皮肤使它米粒大小的红色心脏清晰可见，还有蜻蜓眼睛特写、花朵的花蕊等等，这些都是微距摄像机捕捉到的。我们人眼对近于 15 厘米的物体就看不清楚了，而微距镜头的光学矫正则可以按照近拍的需要进行设计，拍摄出的画面有更鲜明的轮廓和更加鲜艳的色彩。当一朵花绽放时，能真真切切地看清楚它的纹路，这也拉近了观众和画面主角的距离，并提供了平时赏花看不到的视角。当一只甲虫举起对手重重地把对手摔倒时，观众能感觉到它不亚于一个举重选手，并为它的大力折服，尽管它不过是只有拇指大小的小不点。

三、爱心、毅力和耐心是成就真实的根基

自然界的动物每天在上演真实的故事，但是故事每天不同。自然条件变化无穷，动物可上天也可入地，这些情况都决定了你想拍摄什么都要有毅力和耐心。如果没有对动

物发自内心的喜欢,那荒野的寂寞、危险、困难会无数次打倒你。

为了拍摄狒狒捕杀火烈鸟的镜头,摄制组蹲守了好几天。《我们诞生在中国》是一部以野生动物为主角的故事片,讲述了在中国生活的动物故事。为了拍摄雪豹达娃,摄影师在风雪中苦苦守候。雪豹是中亚高原的特有物种,夏季居住在海拔 5 000~5 600 米的高山上,冬季跟随着它的猎物岩羊下降到较低的山上。它们独来独往,是我国珍贵的濒危动物。雪豹把家安在岩洞里。高山气候变化万千,时而晴时而乌云密布、雪花飘落,摄影师和隐蔽的摄影器材就被覆盖在这无声的雪花中,有时还有冰雹突袭。一个月的漫长等待,雪豹方现身——达娃带着自己的孩子出现了。

《蓝色星球》讲述的是海洋中的生命故事,在这个系列动物影片中我们看到了许多难得一见的海洋动物和它们难得一见的行为。比如,逆戟鲸群攻击灰鲸妈妈的孩子,场面惊心动魄而又悲伤无比。海洋生物学家研究观察逆戟鲸 14 年,从没有见到一次完整的逆戟鲸捕食行为。每天侦察机都在空中巡逻,搜寻那些有可能被逆戟鲸攻击的灰鲸妈妈和孩子。春天的时候,灰鲸群向北迁徙,灰鲸妈妈会带着孩子一起走,当它们穿过蒙特雷湾时就没有了海岸的保护,这使它们无处可藏,这时逆戟鲸就会出来寻找它们。不管什么样的天气,摄制组必须跟上它们,逆戟鲸的整个捕食行动持续了五个小时,逆戟鲸各有分工,一头雌性冲到灰鲸妈妈和孩子中间,强行把它们分开,另一些逆戟鲸在外围配合,它们压制着小灰鲸使它无法浮上海面换气,最后小灰鲸精疲力竭,灰鲸妈妈被迫放弃自卫,一群逆戟鲸过来吃掉了小灰鲸。持续八周的跟踪后,摄制组这才掌握了拍摄的最佳时机。

金枪鱼和旗鱼游速快,因而极难被发现,它们发现食物时就像一个个水下标枪扎入水中,时速竟然超过 112 千米。这次拍摄令水下摄制组兴奋不已,但是也危险异常。金枪鱼向一个球状鱼群发起攻击,摄制组稍有不慎,也会被卷入攻击之中。为了拍摄地球上速度最快的鱼,摄制组用了四百多个日日夜夜。

自然影片需要耗费时间成本,同时也消耗着制作者们的生命时光。《蓝色星球》历时五年,在全世界将近两百多个地方进行拍摄,很多动物和它们的行为方式都是首次被发现,并填补了科学上的空白。

四、 动物动画影片背后的真实

艺术来源于真实,就像桃汁和蜜桃的关系。拟人化的动物系列动画是迪士尼公司的金字招牌。2016 年迪士尼公司推出的《疯狂动物城》口碑和票房双赢,有人说这是他们看过的最好看的动物电影。

《疯狂动物城》全是由动物构成的世界，据介绍，创作团队首先就走进了真实的自然界进行观察、探索、研究，学习真实的动物行为，为此他们在非洲待了 18 个月，甚至在肯尼亚安营扎寨，脚踏实地深入了解野生动物的行为、个性，并且观察研究它们如何社交、如何找食，探究它们和动物邻里之间的关系、每个家族的领地如何、物种之间的互相依赖关系。当然，只是在非洲还是很不够的，他们到世界各地，拜访研究不同动物的动物学家。

于是，在这部动画电影中看到了穿着人类衣服的动物。各种动物扮演着不同的角色，但是细心的观众可以发现这些动物的行为属性和人物品质是契合的，这都取决于它们的真实自然属性。

兔子朱迪，聪明善良，它是食草动物，但是很有智慧，所以将它设定为励志的年轻人再恰当不过了。狐狸尼克是《疯狂动物城》的男一号，说到狐狸，我们耳熟能详的寓言故事立刻浮现：森林的一棵大树下有个洞，洞里住着一只狐狸，树上住着乌鸦，乌鸦叼着一块肉让狐狸垂涎三尺，但是狐狸在树下，没有办法得到，狐狸的狡猾计谋派上了用场，甜言蜜语一句接着一句："亲爱的乌鸦，您好吗？""亲爱的乌鸦，您的孩子好吗？""亲爱的乌鸦，您的羽毛真漂亮！""您的嗓子真好，谁都爱听您唱歌，您能唱几句吗？"得意的乌鸦听到有人说它嗓子好，唱歌好听，夸它这个的还真是只有狐狸一人，于是高兴地唱了起来，嘴里的肉掉到了地下，狐狸叼走了肉，而乌鸦还在自我陶醉地歌唱。狐狸尼克在影片一开始就暴露出自己狡猾的本性，为了省钱骗吃骗喝，用假冒伪劣的冰棍做买卖等等，但是在后续的案件中尼克足智多谋，把那些计谋用到了正处，这也恰恰是在遵循着狐狸聪明的客观事实。车管所里的一只名叫闪电的树懒先生，每吐出一个字就要有两个停顿号，甚至笑起来都像是做了慢镜头处理，即使这样，他还是车管所里动作最快的树懒。真实自然界中的树懒，因为天敌少，食物充足，因此动作迟缓，经常用它长长的指爪挂在树上数小时不动，有脚却不能走路，只是靠前肢拖动身体前行。所以影片中的动物行为依然遵循着它们的生物属性。

正因为电影团队为影片的可视性、故事性寻找到了真实载体，我们在看到这些动物时就能立即想到它们在自然界的样子，增加了亲近感、认同感，甚至观众会对比着自然界这些动物行为，带着好奇心看这个动画，猜测着动物还会有哪些不凡之举。

既然是讲述动物生活的影片，仅仅角色的自然属性吻合是不够的，它们生活的地方也需要有真实的依托。用动物的视角去建造一座动物之城，首先要把自己想成这种动物，然后再依据自然界里动物生活的地域去建造。试想如果我是一只北极熊，会打造怎样的冰川镇？如果我是一头骆驼,又怎样去建造撒哈拉广场?这些地方一定有动物所需要的生存生活条件。沙漠中有夜行性动物,所以夜间活动场所必不可少。冰川是北极熊生活的家园,漂浮的浮冰是捕猎和休憩的地方,常年不化的积雪是育儿的绝佳场所,因此,冰川镇就涵盖了这些元素。

城市的布局处于严谨的逻辑推理之中,理论依据和现实可行度一样都不能少,影片场景布局甚至还咨询了城市规划学、生态学和研究残疾人法案的专家学者。那些动画师们为了取得和真实动物更一致的逼真效果,在显微镜下观察老鼠的毛发,这还不够,还要观察毛发在不同状态下的不同特点。静态时,奔跑时,光照时,暗影里,毛发都会呈现不同的状态。

《疯狂动物城》中动物的尺寸严格按照自然界中动物的大小比例构建,所以当你看到鼹鼠先生这个人物在它的两个侍卫双手合搭的平台上坐着观看表演,就能体会到这个真实的动物比例。影片做到了行为真实、艺术真实,所以让观众们觉得可信,有惊艳之感。

五、 失去真实则真情不在

动物影片传递的是对自然、动物的真情,这些真情是通过真实的一帧帧画面完成的。

造假就像一个商店卖了假货,这将引起对商店、物品、店员三方负面印象。重要的是使人觉得“幻灭”,有被骗之感。《人类星球》的树屋造假给了动物影片一个大教训,如果违背了自然真实,会付出惨重代价。如果是情景再现,可以打上字幕,观众可以理解。

真实是动物影片的基石,失去基石,大厦不在。为了获得真实的动物场景,需要科学支撑作为先导条件,需要高新技术的发展提供新奇、震撼,更重要的是需要有毅力和耐心的、真实的搬运者。动画电影的成功依然遵循着艺术真实和行为真实。如果动物影片失去真实,就失去可信度,进而失去影响力,就不能传播真情。

素描动物世界

融媒体产品《秘境之眼》打造融合传播新模式

《秘境之眼》是《动物世界》《人与自然》栏目的第一个融媒体产品，本文通过对此产品打造的多维度探索和分析，试图对今后新的融媒体产品制作提供参考借鉴。

2018 年 4 月 16 日，央视综合频道和国家林业和草原局合作，以全国自然保护区红外摄影大赛视频作品为素材制作成以“秘境之眼”为主题的融媒体产品，通过《动物世界》《人与自然》栏目、荧屏导视、央视一套等新媒体平台发布 20 个微视频、19 篇科普趣文和视听 H5 产品，产品首日互动量即破 10 万次。这是《动物世界》《人与自然》栏目对于融媒体产品的首次尝试，取得了良好的效果。以往两个栏目的新媒体传播仅仅是碎片化的简单叠加，而这次实现了内容、渠道、平台多方面的深度融合，栏目的融媒体步伐也向前有所迈进。同时，这次主题融媒体产品的制作也带来了多方面的启发和思考。

一、栏目和新媒体包装推介多方联手，形成高能聚合体

要制作一个融媒体产品，首先要有融合思维，而融合思维就要打破栏目、平台、渠道的界限，是一种大视野的全方位融合。《秘境之眼》汇集了方方面面的人才。

1. 科学专家团队加盟

国内顶尖的动物科学家能对视频中的动物行为解读进行把关，确保准确无误的科学性。例如，满脸挂彩的大熊猫的“彩”，是因为发情期求偶争斗留下的胜利勋章，而它们在树上撒尿则是为了标记领地；乌鸦待在野猪的背上是一种共生关系，乌鸦为野猪清理寄生虫，野猪也会给乌鸦吃腐肉大餐；金丝猴的互相拥抱是为了建立种群间的情感纽带；红腹角雉在田地中四下张望，显得非常紧张，因为黄鼬正在扑向它，黄鼬显然知道这么明目张胆地袭击成功率极低，但还是值得一试，碰碰运气；多达 100 多只岩羊在海拔 4 000 多米的牙马图山山顶上面嬉戏，飞奔是为了带领 2 个月大的幼崽练习攀岩本领；雄性黄腹角雉扇动翅膀是正在向心爱的雌性表白……专家团队是由不同动物行为学的专家组成的，他们一直在自己的专业领域研究，对动物的行为了如指掌，他们对视频内容的把关，为此后视频的融媒体开发项目提供了科学支撑。

2. 策划团队确定媒体产品的样态

融媒体产品是面向用户的产品。生产什么样的产品，采用什么样的风格，用怎样的形式，抓住产品的什么特征，这些是策划团队需要总体把握的。于是以频道总监、统筹部主任、国家林业和草原局的专家、栏目、新媒体、导视包装共同组成的策划团队开始工作。经多次研究，多方推敲，最终决定要突出《秘境之眼》这个融媒体产品珍贵的特性。这些视频来自中国的自然保护区，人们难得一见。专家从2 000多条视频中选出，更体现出它的独特性和唯一性。无剪辑、无加工的原生态视频最具吸引力。很多条视频都是首次拍到，有的还弥补了科学上的空白。例如，首次拍摄到豹猫吃东方角鸮的卵，这段视频有效地揭示了自然界不同动物之间的依附关系，拓展了我们对豹猫食性的了解，也给我们展示了鸮形目鸟类在繁殖期间面临的天敌情况；四川卧龙国家级自然保护区首次拍摄到了雪豹一家四口同框的画面，从一定程度上反映了雪豹全球种群目前稳定良好的保护状态；“松鼠斗红腹角雉”这个视频出人意料，红腹角雉和赤腹松鼠在野外很难有交集，但是在美食面前竟然互相争抢，这也为人们认识这两物种之间的关系提供了划时代的依据。

融媒体产品采取大屏或是小屏会依据传播特点做差异化制作。大屏投放的就是这些原汁原味原生态的素材。即使效果声音是当时红外相机录制的风声或者动物当时的声音,也严格遵循无加工无剪辑的原则。

将H5技术运用于小屏产品的制作,能更好地将视频播放、文字、动图融合在一起。在视频播放时,会对视频来源的经纬度、地点进行准确标注,同时对画面内容有简明扼要的介绍。例如视频标题为“野生东北虎巡视领地,黑龙江穆棱东北红豆杉国家级自然保护区”,在右上方是投票排行榜,在视频的下方是50字左右的介绍:2016年1月3日,东北虎对红外相机闪烁的彩色工作灯产生了好奇,黑龙江穆棱林区内首次拍摄到野生东北虎活动影像。一个用于投票的心形图案连接着视频和介绍文字。而在文字的下方,一个对勾符号隐藏着挂名为“更多机密”的科普趣文。二十条动物视频依次排开,手指轻触可以转换观看任意一条内容。视频的50字文字介绍科学、精炼、表意。另一产品对拥抱的金丝猴是这样表述的:无言的拥抱在金丝猴家族之间传递着,这是一种亲情纽带,它们开放着自己的能量场接纳彼此;对带着孩子的羚牛表述时,则表达了羚牛母亲的舐犊情深:羚牛被称为“高山珍兽”。在甘肃白水江保护区,羚羊妈妈鼓励着孩子,迈出人生第一步,仿佛在说:“孩子,不急,慢慢走。”

这次的融媒体产品的推出主要的目的是要唤起人们保护动物的意识,要让这种意识在用户中传播。因此,将视频点击投票环节设定成有意义的爱心,是希望用户让这次投票变成爱心接力,对动物、自然之爱就在这一次次点赞和一次次转发中深入人心。

此外,与视频相应的还有 19 篇有关这些动物的科普趣文,补充了知识含量,也是对视频内容的二次开发,这是用新媒体的语言创作的原创科普文章。新媒体文章需要对视频画面以新媒体的方式进行解读。19 篇形态各异的趣文一同上线。语言轻松、幽默,呈现形式多样,拟人化的手法赋予动物温度和情感,再加上动图和文字,使每篇科普文章都拥有自己鲜明的个性。如介绍熊猫的文章标题为"熊猫不是猫。咱的领地和爱情可不是靠卖萌得来的"。内容上,也增加了趣味性:"你好,我是你从来没有见过的一只野生大熊猫,很高兴认识你。提到我们大熊猫,你眼前浮现的是什么画面?(一只打滚的熊猫动图)是爱在地上打滚撒欢的'萌宠'团团?(吃竹子的熊猫动图)还是每时每刻都在有滋有味啃竹子的'吃播博主'滚滚?我们一直以'萌宠'吃货的形象出现在你们视野中,但是这样的我你见过吗?(一幅定格的满脸是血的熊猫照片)头一回见到满脸是血,浑身疲惫的我吧?"这段文字之后有一系列熊猫宣示领地的介绍,包括生存现状、历史名字介绍等等。

绿尾虹雉视频的文章则以知识和文采见长:"它如此惊艳,才能创造'青鸾舞镜'的典故。'五色皆备成章,曰翚。

翠者,鸟之奇异者也。'摄影师的感悟更有说服力:'当绿尾虹雉在天上滑翔的时候,就像一道彩虹掠过天空。'"此处用摄影师之口,道出绿尾虹雉的神秘且难以拍到,由此衬托视频的珍贵:"晚上八点接到好友的电话,说有人在卧龙的巴朗山拍到了绿尾虹雉。我当时将信将疑,因为我去年这个时候也去过那个地方,整整守候了一天连根鸡毛都没见到。但这个信息的诱惑实在太大了,神鸟啊!""'嘎嘎嘎',随着间歇性急促鸟鸣声越来越近,我的心情也逐渐紧张了起来,充满了期待,希望看到绿尾虹雉的真容,但是又担心惊扰,不敢茫然行动,叫声停了好一会,我忍不住缓缓地探出头,朝着传来声音的方向望去。我日思夜想憧憬了好几年的绿尾虹雉就在巨石后面。此刻距离我不到两米,它正伸着脖子警惕地看着我""绿尾虹雉的美惊艳、脱俗、霸气、狂野,更是自然界中惊鸿一瞥,早已超越人类的想象力"。

这些信息的整合重组、可视化设计遵循信息表现形式碎片化、精细化的创新规则,制作团队在此基础上制作出了有别于传统媒体内容、本质的产品。

3. 后期编辑、写手、解说共同发力

《秘境之眼》有一个宣传片,它的制作需要巧妙的构思和实施,宣传片着重表现秘境的神妙,同时还有红外摄影机的展示,以及最后一只层层推进的绿色眼睛状落板。音乐选取了秘境的不同动物声音。只闻其声不见其人,进一步

彰显了神秘性。解说员介绍了此次红外摄影大赛的作品范围、投稿办法、意义。写手们精心地为每个动物撰写科普文章、宣传片解说词和每个动物的简明介绍。这三部分文字内容互相补充、互通互融。

这个高能聚合体,塑造了一个全媒体的巨人,在各个方面互相配合,运用各种媒介知识,从策划到实际操作,从理念到技术都构成了一个有机整体。

二、 极致的思维使融媒体产品内容超越用户预期

雷璐荣曾说:“融媒体追求信息海量化,环环相连的信息连接,最终形成规模化的信息集成,因此,融媒体时代的传媒人才应该培养一种极致思维。”

《秘境之眼》只有20段视频,每段短的只有30秒,长的也只有一分钟左右,但就是这样的视频却在融媒体产品中加入了海量的信息,制作人员网罗了一切关于这20种动物的各种文字、图片、视频、音频素材,并且使这些信息之间有序连接,形成了规模化的信息库。无论是在信息收集、信息应用、信息传播还是信息回馈方面都做到了一网打尽。这是一种极致思维,为的是给用户提供大大超出预期的服务效果。

在“秘境之眼”项目成立之初,新媒体的工作人员一直在不停地做前期准备:包括寻找和动物有关的资料、当地的

海拔信息、气候条件信息、保护区有关视频，了解林业巡护员的工作情况，然后又从专家、网络、书本各种途径搜罗有关动物的一切，所以在大屏中，每一种动物的生活地点、海拔、纬度会记录在案。例如，雪豹：经度 102.92115，纬度 30.94358，海拔 4 300 米，四川卧龙国家级自然保护区魏家沟；大熊猫：纬度 32.87147，经度 104.3321，海拔 2 807 米，甘肃白水江国家级自然保护区；白鹇：经度 105.8979，纬度 28.1842，海拔 1 437 米，贵州习水国家级自然保护区。

在科普趣文中，这种极致思维体现得更加明显。在写绿尾虹雉的文章中，囊括了诸多和这种动物相关的奇闻轶事。《中国古代动物学史》中考证“鸾”为虹雉，青鸾当为绿尾虹雉。还有传说绿尾虹雉是西王母的信使，因此有了李商隐的名句“蓬山此去无多路，青鸟殷勤为探看”。此外还有《刺客聂隐娘》中青鸾舞镜的典故、《山海经》中描述鸾的样子、《秘传花镜》中关于“鸾”的描述。2016 年 11 月 15 日，国家邮政局发行普 31《中国鸟》(第四组)普通邮票，1 套 2 枚，其中 40 分是绿尾虹雉，国家一级重点保护动物，找到邮票信息还没有穷尽，邮票的设计者也被搜罗出来。他的设计理念是用绘画的形式讴歌大自然，呼吁保护鸟类、珍稀动物和地球环境。这种地毯式的信息搜寻，无疑使用户得到了一个知识的大礼包，很多意想不到的知识都藏在这大礼包之中。

三、服务用户的理念，使融媒体产品更贴心周到

在融媒体时代,很多观念和行为正在发生着全面变化,需求和消费行为也发生着变化。以前是我播什么,你看什么,现在是要改变以往居高的姿态,将信息权威发布平台转型为信息服务载体,“受众”变成了“用户”。因此,要有产品意识。这些产品是服务于用户的,用户的体验度好,产品才会畅销。要有服务意识首先要换位思考,把自己当成用户,多为用户着想,这样才能搭建好的服务平台,实现我们的价值传播。《秘境之眼》上线后经过了多次调整,就是充分考虑用户的体验度之举。

栏目刚开始的点赞设计,没有体现每种动物的点赞数量,用户反应不到位。后来进行改进,用户就能看到自己是第几位点赞人,相当于是第几位爱心守护者,这会使用户有参与动物保护的义务感。这比仅仅是一次点赞有意义,通过把自己爱心守护的动物发送到朋友圈进行传递,就达到《秘境之眼》的依次广泛传播目的,让深层的动物保护理念得以传播出去。

为了使用户体验进一步精细化,产品又做了调整,加上点赞的动物和其所在的保护区排行榜,并为前三名精心制作了不同颜色的王冠。王冠上有排名序号,排第一名的是红色,第二名的是黄色,第三名的是蓝色。用户一目了

然，这样的调整也会激发用户为自己喜爱的动物投票的热情。

四、内容为王，独家的珍贵视频资源构成了核心竞争力

《秘境之眼》具有独特的内容优势。这些来自205个保护区，从2 000多条视频中由专家评出的20条视频绝无仅有，独一无二。无加工，无剪辑和原生态构成了融媒体产品的内容支撑。作为电视台，视频仍然是融媒体产品的优势资源，相对于纸媒，这些视频鲜活、生动、直观，更能锁定用户的注意力。视频内容是电视台的安身立命之本，也是它的核心竞争力。由这些视频作为基础，才能延展出更有生命力的全媒体的融媒体产品。若没有它们，融媒体产品会缺乏生机。

五、快速制作，使融媒体产品更具时效性，使用户有新奇感

《秘境之眼》从策划到上线仅用了两周时间，20多人投入此项产品的生产，大家不分昼夜、各司其职。刚刚评出的20条视频还冒着热气，马上就纳入了融媒体制作的生产线中了。这种无缝衔接使用户快速得到融媒体产品，快速使用和体验，新鲜感会使传播效果更好。若已是旧闻，用户对

产品的好奇度会降低，影响产品的传播。

六、创新发布渠道

《秘境之眼》发布渠道打破了栏目组单一传播的局限性，首次用频道一盘棋的思维理念。跨媒体、跨介质、跨形态、跨栏目、跨时段，整体推进。大屏内容和小屏内容互补，央视一套、央视七套和香港频道三个频道同时播出，包装时段和栏目时段同时投放，科普趣文和大屏简明介绍相映成趣，动图和视频互融互通，使这些珍贵视频得以立体化呈现，全方位、多角度服务于同一内容。

七、完善融媒体产品的路径

融媒体对于《动物世界》《人与自然》这样的传统栏目来说是一个新课题。媒体融合正在不断发展变化，人才培养是重中之重。栏目人员要多学习，多研究，转换思维模式，用互联网的思维模式去打造融媒体产品，而不是简单叠加。

首先，可进行项目化尝试。把采、编、播、策划等专业人员聚在一起，为一个融媒体项目共同努力。整合有生产能力的集群，每人各司其职，用其所长，顺应更加适应融媒体的细化分工和能力极致化的趋势，在专业的融媒体人才缺乏的情况下，像五指相握一样，形成一个融媒体的拳头。这无疑是一个较好的办法。

其次，还要找到适合制作融媒体产品的发力点，拓展内容。除了国内这些珍贵红外视频，还可以有国外优秀自然影片中的珍贵视频、野生动物爱好者自己拍摄的素材，增加和用户的互动性。使《秘境之眼》这个融媒体产品更加多元化。

2014 年被认为是中国融媒体元年，距今只过去 4 年的时间，但是，融媒体的发展极为迅速，要跟上融媒体的步伐，使传统栏目焕发新活力，需要转换观念，使用互联网思维。制作者需打通栏目之间的界限，使多方专业人才一起发力，合成一个融媒体的拳头。新媒体利用新的机制会生产出新的内容。寻找和增加融媒体的内容样态，把电视的直观和互联网的开放，进行优势互补，资源融通，共同服务于一个内容，使内容的呈现更立体化，增加用户的互动性，这样才能让传统栏目由扁平变得立体，赢得更多新的发展空间。

岩羊亲子团：
我希望痴痴地望着你

入画时，它们还在山坡下；出画时，它们已经来到了山坡上。我数了一下时间：3 秒钟。而且这还是由妈妈们率领的亲子团，孩子才两个月大。

六月的甘肃盐池湾，高山草甸草已返青，气温大幅回

岩羊
（甘肃盐池湾国家级自然保护区提供）

升。岩羊们结束了山下生活之后来到山顶。

岩羊在陡峭的山崖和杂石间飞奔而如履平地，两个月大的小宝宝也能跟上妈妈的步伐，这让我十分好奇，并且改变了我对羊的认知，原来在羊族里也有这么无所畏惧的勇士。

岩羊可以和山崖粘在一起，即使山崖近乎垂直，它只需找几个岩石的支点就可以用蹄子牢牢抓住，把自己“挂”在高高的悬崖上，用自己的独门绝技挑战地心引力。

四只蹄子可以像瑜伽动作一样张开，每只蹄子就像楔子嵌入峭壁表面的凹处，不仅如此，还可以灵巧移动。

岩羊经过长期进化，已经充分适应了它生活的环境。它的蹄趾之间的缝隙很宽，可以根据地形灵活地分开。悬蹄可以帮助它们在陡峭上保持静止，是羊蹄的“刹车装置”。

这些身体部件是小羊生下来就配备好的。所以它们跟随着妈妈攀岩只需要多练习攀岩技巧即可。纸上得来终觉浅，绝知此事要躬行。于是妈妈们率领的亲子团就在这海拔 4 000 多米的牙马图山顶展开了练习。

岩羊群体有很强的依恋性。据说它们对群体中生命的逝去有自己独特的行为。它们会围着逝者，不让食腐动物靠近。也许这是它们的追思方式。它们的寿命一般为 18 到 20 年。这十多年的生命时光里大家一起觅食、躲避天敌、集体行动，一定会在彼此心中留下印记的。

公益保护组织曾在扎嘎神山山脚下和岩羊近距离接触，在岩羊的眼中没有恐惧。它们竟然可以无视人们的存在，该吃草的吃草，该休息的就在草地就地卧倒。

一个小家伙头呈45°注视着人们，淡定而又好奇。人类，在它们的眼里不是恐惧的对象。小家伙仿佛在说："你猜我喜欢吃什么？""我喜欢痴痴地望着你。"

牙马图山上的亲子团仍在攀岩，希望有一天，它们和人类也可以痴痴地相望，眼神不会躲开。

守卫雪豹的家园：
爱之花开放在高原

“我看到了！”巡护员说话的声音有些异样，其他巡护员悄悄过来。“在哪儿？”他们向群山望去，没有发现异常。只见巡护员激动地弯下腰捡起了一点新鲜的粪便，这是“雪山之王”雪豹的粪便。

雪豹

（四川卧龙国家级自然保护区提供）

雪豹生活在海拔高度3 000~4 500米的高山之上，全世界只有4 500只到7 300只左右，在中国，雪豹数量少于大熊猫。因为数量稀少，所以要想一睹芳容，那还真是需要毅力、耐心和运气。

“它是离神最近的生物”，这是纪录片导演对雪豹的描述。雪豹的遥不可及、了无踪影，使拍摄者在体力和心灵上都受着考验。“太难了，我们之前在里面待了10个月，啥也没有拍到，”公益环保组织的成员说得更形象，“那些有雪豹的山啊，当你坐着欣赏的时候就是天堂，当你开始爬的时候就是地狱。”

看到这句话，回忆在脑海里再现。因为节目拍摄的需要，我去过四川的四姑娘山，当时要翻越一座高山，因为雪地汽车打滑，我们下车步行了几米，在海拔4 000多米的山上，那种冷是直接入骨的，呼吸陡然变得困难，稍快几步就已经开始张口喘气。

巡护员数年如一日，要在这看似天堂、行似地狱的高山和雪雾间爬上爬下，一定忍受着身体的极限考验。

他们把有关雪豹的一切都视若珍宝。收集毛发、粪便，爪印要拍照留存。这些都对充分了解雪豹、研究雪豹的食性和生活范围有重要意义。文章伊始，巡护员的惊喜就在于此。

有幸在节目中看过雪豹在裸露着岩石的悬崖峭壁上捕

食岩羊的画面,有着惊险刺激的震撼之美。雪豹可以灵巧地在崖壁上追击猎物,长尾巴像舵一样保持着身体平衡。身上的灰白色外衣和一旁的岩石融为一体。这是它们突袭猎物的必要伪装,它的所有身体结构和外表都是为高原进化的。

卧龙国家级自然保护区位于雪豹生活区的东部边缘。红外相机拍摄到了雪豹一家四口的休闲时光——雪豹妈妈和她三个孩子。画面洋溢着温馨之美,你在闹她在笑,这一刻时光静好。

豹妈妈去找食物,石头房子岩洞外的草坪成了孩子们休息玩乐、练习技能的地方。

啃啃自己的脚丫子,那可是奔跑兼抓捕猎物的利器啊。

一块草皮,小家伙们也互相争抢,那可能就是未来的一块肉,要保护食物,就看谁的牙齿有力。一个小家伙为了抢草皮风度全无,竟然上爪抓了。

这是首次拍到雪豹一家。栖息地的丧失使雪豹的生存面临考验,全球气候变暖,雪线上升,直接导致雪豹栖息环境的变化,在它们的遗传基因里从没有这种记忆,这是它们必须面对的新课题。

这母子四人同框、自由自在,部分说明了雪豹在中国的种群状况目前稳定良好,这要得益于我国对自然保护力度的不断加强。雪豹看不到,但是它们体会得到。家园大了,惊扰减少了，没有了那让人心惊的枪声。

在雪雾弥漫的高山上，巡护员们仍然在充满碎石的山崖上进行巡护。那行走的每一步，都是爱的脚步，那瞭望的每一眼，都传递着爱的誓言。我相信爱之花开放的地方，生命便能欣欣向荣。

华北豹邀配：为你我低到了尘埃里

“见了他，她变得很低很低，低到尘埃里，但她心里是欢喜的，从尘埃里开出花来。”

看到一只雌性华北豹，围着雄豹进行爱的邀约，我顿时想起了张爱玲的这句话。此时，雌豹放下自己的矜持，主动地迎着雄豹。

华北豹

（山西铁桥山省级自然保护区提供）

雌豹在我们的眼里可是一位高冷的美人，主动求欢这种事情怎么可能发生在她的身上。这简直辱没了冷美人的名声。在《动物世界》的《豹之眼》这期节目中，仅宣传片就可以对豹女王的高冷有直观的了解："相传，草原上住着一位魔法女王，她的魔力来自她的眼睛，动物们相信，如果不小心和女王的眼神对视，就会失去知觉甚至丧命。就连狮子也对她的魔力忌惮三分。"

她们独来独往，自己捕食。捕食之后会把一整只羚羊拖到树上，猎物的重量就有自身的一半重。这是聪明之举，其他动物就不能抢到她的猎物。这点上她们比猎豹聪明，猎豹往往辛苦追逐，刚捕到的食物就会被鬣狗抢走。

对于雌豹，养育孩子也从来是自己承担，从不假手他人，像一位自立的高级女白领。

但是，这只华北豹看到了她梦中的雄豹，那么高傲的她，唯有见到他，让自己低到了尘埃里。

雄豹的脸上毫无表情，把目光投射到远处。雌豹在他四周环绕，她想引起他的注意，哪怕只是一个动作、一个眼神。

雄豹依然直视着远方，甚至在雌豹碰到他身体的时候都不曾看她一眼。

"每一个蝴蝶都是从前的一朵花的鬼魂，回来寻找它自己。"

看来,这只雌豹和这只雄豹也有不解之缘,她在赴前世的约定。

她翻过了万水千山,茫茫林海,才找到雄豹。爱的人近在咫尺,她情愿放低自己。

“有些人,注定是等待别人的;有些人,注定是被人等的。”雌豹此时注定就是那个等待别人的人,她多想和雄豹“死生契阔,与子成说,执子之手,与子偕老”。无论生死我们都要在一起,这是我们当初说好的约定啊,我要牵着你的手,和你白头到老。若雌豹开口的话,这大概是她最想告诉雄豹的。

但是雄豹一定喝了孟婆汤,他视雌豹如空气,依然冷冰冰,面无表情。他忘记了前世的约定。

雌豹应该是失望的。但此时,对雌豹来说,失望未尝不带着幸福,因为有期待,失望中还会出希望,因为有爱的人在。

华北豹的这种求爱行为,给专家们都出了一个大难题,他们也无法给出科学解释。看来在动物的爱情里,也有我们看不透、读不懂的爱情秘密。

但是我相信,一定有一只雄豹在等待雌豹,那一定是一位对的爱人。

野猪和乌鸦

“野猪，你动一下，乌鸦都跳到你背上了！”“难道还想让它在你身上拉屎！”

看着野猪仍然低着头吃东西，连我都为它着急起来。太不公平了，就因为野猪老实，乌鸦你就可以这么欺负它。想上野猪背上，连个招呼都不打。

野猪与乌鸦

（四川唐家河国家级自然保护区提供）

这时另一只乌鸦赶来,更过分,它从野猪的后腿上竟然啄下了一嘴毛。

“野猪,难道你吃过人家乌鸦的孩子?”要不,不会有这样的深仇大恨。

看到我这样愤愤不平,一旁的张教授乐了:“你看,想不到你平日温和,这会儿还能变成愤青。”

“欺负一个老实人是最不可忍受的。”我说。

教授笑了:“野猪和乌鸦,人家是好兄弟。”

“什么? 兄弟? 肯定乌鸦想占野猪的便宜,谁不知道乌鸦聪明呀?”

说这番话的时候,我想到了节目中曾播出的《聪明的乌鸦》,它可以把胡桃放到公路上,等着汽车经过,轧碎胡桃,汽车过后,他们到路中间啄食里面的果肉。杯子里水少,喝不到,乌鸦把小石子放入水杯,使水位上升,喝到水杯中仅存的水。趁钓鱼人不在,乌鸦还会把鱼线拉起,上钩的鱼成了它的食物。人类扔的烟头等火源,乌鸦叼走还可以引发火灾。连人类它们都敢利用,别说一头野猪了。

想到这里,我不由紧张起来。这好兄弟一定是个幌子,以兄弟之名行非兄弟之事。乌鸦跳到野猪背上,一定不仅仅是这么一跳,而是还有其他目的的。

对了,乌鸦攻击性很强,它们啄动物的眼睛,跳到野猪的背上不会是啄眼睛的前奏吧?

野猪依然未动，它默默地承受着乌鸦骑在它的背上。我紧张地盯着乌鸦，巴不得过去赶它下来。这时我看到它在野猪的背上啄着什么。

教授发话了："你看，乌鸦是在帮助野猪，啄野猪身上的蜱虫。""它是在讨好野猪。"

我走近电视仔细看了一下，又看了一次回放。教授没有说错，野猪一动不动，在我看来的"忍耐"其实是享受。野猪为了乌鸦的这种友好的表示，把自己吃的肉食分给了乌鸦一些。

那在后腿啄毛的乌鸦也是在为野猪清理蜱虫，只是技术不过关，连毛也拔下来了。

互相帮助，互利互惠。在动物中有很多这样的组合，像红嘴牛椋鸟在河马、长颈鹿身上为它们清理寄生虫。再比如蚜虫和蚂蚁兄弟，蚂蚁保护蚜虫不受瓢虫等天敌的攻击，蚜虫会分泌蜜露给蚂蚁做甜点。这种共生关系，使双方各自得到了想要的东西。

我误会了聪明的乌鸦，后悔早没有想到乌鸦反哺，羊羔跪乳。乌鸦聪明也有孝心，和野猪的兄弟关系铁瓷。

白鹇：白雪耻容颜

这么深沉的大帅哥这会儿在做什么？怎么让人感觉以前纯粹是装深沉。把一双美翅当成了风扇，用力时身体有些前倾，腹部羽毛鼓起，腰围马上粗了一倍，平时极为爱惜的洁白长尾，竟然挨着泥地。

这是一只雄性白鹇，他这么卖力，放弃平日里的深沉是因为镜头之外有一个她。她就要大帅哥做这些，要不怎么知道他是否有健康的体魄？若只是看平时那些举动，还真是看不真切，为了不嫁给一个绣花枕头，帅哥不接受的测试，想结婚，没戏。

在中国传统文化中，白鹇那可是“仙鸟”。在明朝和清朝，文官的朝服上用鸟来区别等级高低。清朝的朝服制度是：一品鹤，二品锦鸡，三品孔雀，四品雁，五品白鹇，六品鹭鸶。诗仙李白对它痴迷，黄山隐士胡晖养了一对白鹇，李白要夺人之好，可见其痴迷的程度。胡晖答应奉送，但是要求李白题诗一首，李白欣然应允，并且欣喜之情见诸笔端，于

白鹇一
（贵州习水国家级自然保护区提供）

白鹇二
（云南哀牢山国家级自然保护区景东管理局提供）

是有了《赠黄山胡公求白鹇》（请以双白璧，买君双白鹇。白鹇白如锦，白雪耻容颜。照影玉潭里，刷毛琪树间。夜栖寒月静，朝步落花闲。我愿得此鸟，玩之坐碧山。胡公能辍赠，笼寄野人还。）

我想用一双珍贵的白璧，买你这对白鹇。这白鹇毛如白锦，雪白的颜色令人无地自容。白鹇在玉潭里照影，在瑶草玉树间刷毛。夜晚在寒月下静栖，早上在落花间闲步。我很希望得到这对白鹇，在碧山绿水间赏玩它们。胡公你如果能相赠，我就在这与白鹇为伴，化为山野之人。

在李白的笔下，白鹇就是一位飘逸的富家公子，云游山水，安闲自在。白鹇的“仙气”扑面而来。

白鹇常生活在茂密的森林，林下植物稀疏的常绿阔叶林中，食物种类丰富，它不挑食，昆虫、植物茎叶、果实和种子都吃。这种荤素搭配的饮食结构也是它有“仙气”的主要原因。

哈尼族视白鹇为救命恩人，相传白鹇为贫穷的哈尼族老人治病，带领在原始森林中迷路的哈尼族人走出原始森林，白鹇一路唱歌一路等待着，带领哈尼族人翻越了三座大山。为了纪念白鹇，哈尼族人还模拟白鹇的生活创作了白鹇舞。这也是哈尼族舞蹈中最具代表性的表演舞蹈。

深沉的大帅哥还有如此内涵，让人对白鹇的爱又增加了几分，看来帅气和内涵是可以兼具的，再看看那位表演的“帅哥”，好羡慕没有入画的那只雌鸟。

黄喉貂

冬日的清晨，山中静止得像一幅油画，一个身影一下飞过，看到那弹跳行走时柔软的细腰，我下意识地把自己的手放到了自己的腰部，唉！它那么修长的细腰，我这辈子恐怕是要断了这个念想。

像风一样飞过的是黄喉貂。它看见了它的小伙伴，这

黄喉貂
（吉林省天桥岭东北虎自然保护区提供）

欢快的步伐像我们人类见了老友时的“嗨，好久不见，你好吗?”它没有说话，但是那股欣喜和热情全在这奔跑弹跳之中了。

坦白说，我非常羡慕它，吃得多还不长肉。黄喉貂喜欢吃蜂蜜，那可是高热量食品，含糖量高。平时，我也只是用手指蘸那么一点，满足一下舌尖的渴望。黄喉貂不仅如此，竟然最爱吃肉，据一位老巡护员说，这个“小细腰”竟然使一只大它数倍的狍子丧命，看来在它的身上有多重性格，真是不可小觑。至于昆虫、鱼类、小型鸟类，也只能是它的开胃小菜了。

看到它的脸，我顿时骄傲地抬起了下巴。黄喉貂不白，应该说是很黑。若不细看看不出五官，像戴了一个黑色的面具，在它脸上都能找到蝙蝠的样子。只是它没有蝙蝠的大耳朵，下巴是白色的，要是把这点白色移到脸上，就能看到它精致的五官。圆耳朵，大眼睛，这双大眼迷住了我，它会说话。当它盯着你看时，楚楚动人，我见犹怜。我有一些冲动，想要伸出手把它抱在怀里，因为这个样子像一只呆萌的小狗。用小狗关切的眼神望你，相信心都会被融化的。

黄喉貂除了有森林树屋和石头城堡，竟然还有海景房——海南都有它们的身影。它们可以在林海雪原中探险，也可以在海边吹吹海风，这样的生活可是多少人的梦想，怪不得它走路的时候都是跳跃式的。

这段黄喉貂视频是吉林省天桥岭东北虎自然保护区选送的,主角虽然是冬日里的黄喉貂,却使我感觉到宋代婉约派词人晏殊《破阵子·燕子来时新社》的意境:“燕子来时新社,梨花落后清明。池上碧苔三四点,叶底黄鹂一两声。日长飞絮轻。巧笑东邻女伴,采桑径里逢迎。疑怪昨宵春梦好,元是今朝斗草赢。笑从双脸生。”两朋友见面那无忧无虑的欢乐一定在镜头之外。

保护区属长白山老爷岭山脉,四月末的今天已是无边的葱绿,这些“小细腰们”估计在为夏日聚会做准备,要掉点毛换成轻薄的夏衣了。

想到此, 我下意识地撇了撇嘴,哼,要不是那些保护者,你们能这么嘚瑟吗?

黄腹角雉：眼神制造的浪漫

“我心匪石，不可转也。我心匪席，不可卷也。”《诗经》中的这句话，可形容此时雄性黄腹角雉的心情。

面对心爱的人，他的心坚如磐石，他希望赢得她的青睐。头上翠蓝色肉角高高直起，闪着亮光，喉下的肉裙膨胀下垂呈鲜艳的朱红色，翠蓝色条纹纵横交错，远看好像繁体

黄腹角雉

（江西武夷山国家级自然保护区提供）

的“寿”字，他也被称为“寿鸡”。

但是，此时他不会关注身上是什么文字。他的心思全在自己心爱的人身上，扇动着翅膀，极力地做着蹲下又直起的动作。

真是一只“呆鸡”，我心想。敌人来时，鸵鸟会将头藏起来，身体露在外面，而这只黄腹角雉却把这个傻方法如出一辙地用到求偶上，也太缺乏想象力了。

在我看来，这就像一位男生为了找对象，在心仪的女生面前做仰卧起坐。

想想他们的鸟类同类哪一个不是熟知爱情之道的专家？园丁鸟为爱情搭建起奢华的建筑，用树枝筑起带拱门的房子，还遍寻色彩斑斓的甲虫翅鞘、瓶盖儿、浆果甚至还有瑞士军刀，只要是亮闪闪的东西都用来放在房子门口，制造浪漫。

䴙䴘在水中和心仪的女生踩着水花，跟着女生的头同步摆动，跳着优雅的水上芭蕾，这还不够，还会叼起湖里的水草，作为定情信物。

太阳鸟要组成一个舞蹈团给女生表演，快节奏地上下翩飞，舞步协调一致。至少要跳上十年才有约会成功的可能。男生从小就跟着伯伯、叔叔、哥哥们开始跳舞练习。

即使是木讷的企鹅还会用笨拙的小短腿来回走动，去挑选一块石头送给心仪的女生制造浪漫。

黄腹角雉依旧用着蛮力，他一直紧闭着嘴巴也不说一句话。估计画面外的美人儿为了考验他一直没点头。

印第安人头上的鹰羽冠和身上画着的艳丽条纹，也许就借鉴了黄腹角雉。

黄腹角雉基本食素，植物的茎、叶、花、果实和种子是它们的主餐，动物性食量少，也就是白蚁和毛虫等小昆虫。雄性用这种蛮力展示自己估计是用了整个冬天和初春储备的力气。

雌性考验的就有雄性是否健康这一项，她要为未来的孩子着想。她希望孩子有着最强的基因。

浙江、福建、江西、广西、湖南、广东都是黄腹角雉的家。家之广大并没让它们的家族兴旺，它们是中国特有的濒危物种，国家一级重点保护鸟类。在《濒危野生动植物种国际贸易公约》被列为“附录 1”，在附录 1 中囊括了受到灭绝威胁的物种，这些物种通常是禁止在国与国之间交易的，除非有特别的必要性。

在和黄腹角雉同列的濒危动物中，我还看到藏羚羊、雪豹、老虎、亚洲象、扬子鳄等。

对于雄鸟，雌黄腹角雉的挑剔还有其他原因，雌鸟会在 4 月初开始产卵，每次孵卵 1～4 枚，若都能顺利孵出小家伙的话，妈妈就要独立养育 4 个孩子。而且这些小家伙发育缓慢，两年才能成为成鸟。雌鸟压力很大，为了预防天敌保护孩子，要带着孩子觅食。

每一种天敌都是不可小觑的对手，比如青鼬、松鸦、豹猫、蛇等，都会对尚未出生和出生的孩子造成伤害。

现在，保护人员可以为雌鸟分担点压力，保护黄腹角雉的工作进展可喜，保护人员每天巡山，守卫保护区的动物。

科普教育基地已经于2017年5月在乌岩岭国家级自然保护区开馆，黄腹角雉主题馆运用实际标本、动态场景，借助于多媒体灯光音效等互动形式，形成科普教育的现代课堂。

主题馆入口处，有雄黄腹角雉塑像，眼神和此时表演的雄性一样，坚毅、执着。

回头再看那位雄性，我看出了一些门道。他有一种更高级的浪漫，人们难以发现。这种浪漫与众不同，那是雄性黄腹角雉坚毅的眼神。在展示自己的时候，他的眼神从没有离开过心仪的人。他坚定地用眼神告诉雌性："那个对的人就是我！"好有气势！就像一位深沉的男人一把拉住心爱的人，一句话："走，我们结婚去。"

这时我相信他定会通过雌性的考验。爱的誓言仿佛近在耳边：我欲与君相知，长命无绝衰。

你好，大象

一家子朝着镜头走来。隔着电视机屏幕，我朝电视机中的它们打招呼："你好！大象。能见到你们真好。"

它们的善良都是从眼睛里流露出来的。我们说，人的眼睛像象眼，一般表示此人心地宽厚，为人谦和，处事有理性。而真正的大象更是如此。

亚洲象

（云南南滚河国家级自然保护区提供）

印象最深的是一则视频：一只小象在湍急的水中想去往岸上，而湿滑的岸使它怎么也爬不上去，象妈妈先在岸上耐心地看着，给它鼓劲儿，但是小象好几次尝试都失败了，于是妈妈走到水中，从小象的后面用鼻子推着它，小象成功地爬上了岸。母爱可以用眼神，也可以有行动。

我国的亚洲象仅存于云南西部的沧源南滚河国家级自然保护区和云南南部的西双版纳和普洱市。镜头前的家庭生活在南滚河保护区中，看来这是一家人的散步时光，小象还在不停地把土扬在自己身上当防晒霜。大人们则跟着它，像公园里带着小朋友的一家人。

曾经在《动物世界》节目中看到大象生孩子的场景，所有的大象围成一个圈，用身体组成天然的产房，把产妇圈在产房中央，小象出生后，那些阿姨们急不可待地用鼻子抚摸它，仿佛在说："小家伙，我是你阿姨，欢迎来到我们家！"一家的高兴劲儿体现在喧闹声中。

传说大象们有着自己的墓地，当族群路过时，它们会异常沉默，用象鼻抚摸那些遗骨，可能是想起去世的亲人，在追忆它们。

长鼻子使大象有一个冠军头衔：陆地上现存的鼻子最长、体型最大的哺乳动物。在非洲草原上，象鼻子竟然可以和白鹭共舞，在长鼻舞蹈中还伴着大象脚步的进退动作。高超的舞技让周围的动物都为之着迷。

这个大鼻子还可以作画，把油画颜料涂在画布上。大象的绘画在英国参加油画展览时，评论家们还说有莫奈遗风。

“若不是小象尼诺，我已经失去了我的女儿。”一位日本游客妈妈曾在采访中含泪说道。在印尼海啸时，她的女儿在海滩上和小象尼诺玩耍，突然小象躁动不安，载着她向岸上狂奔，这时候海啸铺天而来，女儿躲过了一劫，这得益于象家族敏锐的听觉和感知能力。

但这些聪明的朋友在人类面前又有深深的无奈。象牙贸易使许多公象被射杀，猎人砍下象牙，把大象抛尸荒野。而对大象的驯化则让它们承受着身心极限。让在原野生活的“巨人”，在室内为人表演。试想，要磨灭大象的野性变成劳动力和杂耍，大象要承受多少痛苦？希望我们在看到这些大象时，能看到背后的东西，把我们的疼惜化成行动。

它们和我们人类的寿命差不多长，它们聪明、温厚、有爱。它们有记忆，它们不会说话，若会说话，我特想知道它们是怎么看待人类这种物种。

还好，人类在改变自己，用自己的行动向它们赎罪：禁止象牙非法贸易，取缔马戏表演，并把它们的家园保护起来。

我希望这个家族的妈妈成为老祖母的时候，我还能看见它。

赤　狐

看到你，我立即就想起了电影《疯狂动物城》的尼克，他油嘴滑舌，喜欢讲笑话，长相却帅气迷人，有很多朋友，经常做一些小勾当，耍耍小聪明。

画面是近景，基本是特写。赤狐长着最上镜的尖脸，纤细的身材连名模都望洋兴叹。它身上那天然的棕白色外套

赤狐
（甘肃盐池湾国家级自然保护区提供）

羡煞了爱美的人。

尼克经历过一系列事件。他想过放弃自己,后来遇上了朱迪,他们成了很好的朋友。乐观的朱迪也使他没有了悲观心理,他们共同合作,成功破案。尼克成为一名警官,人生从此翻开了新的篇章。

在牙马图山顶的积雪中,赤狐的出现仿佛是尼克走入雪中,干净整洁。赤狐毫无顾忌地在雪里玩耍,看起来像尼克开启了新篇章一样,生命中没有什么烦心事。

赤狐是食肉目中分布最广者,广布于欧洲、北美洲、亚洲草原和北非地区。

狐,在中国传统文化中一直是亦正亦邪的形象,《山海经》中的九尾狐是一个能“食人”的妖兽,神话故事中也少不了狐狸的身影。在古人的意识里,山野中的动物吸天地之灵气,日月之精华,可以“成精”的概率较大,加上狐狸狡猾聪明的自然本性,它就成了神话中的常见形象。

在动物节目中,会换装的动物不多,北极狐会。北极狐的外套在冬季和夏季是两种风格。它穿衣打扮的事儿听季节的,自己做不了主,以至于风格差异之大,可谓是跳跃性的。冬天,北极白雪茫茫,北极狐穿上漂亮干净的白色外衣,走精灵公主风格,在白雪覆盖的大地上,它洁白如雪。当然吃饭时会让嘴上沾上食物痕迹,这却成了点睛之笔。饭后不擦嘴在它这里是增色的。夏天,冰雪融化,岩石裸露出来,北极狐走上土财主路线,套上了褐色的外套。偶尔还有冬衣留下的白色布条在外套上,那是还未褪干净的白毛。小孩子也是这个打扮,穿着褐色外衣的小孩一下成熟许多。这衣服还有防身功能,是它们适应环境的保护色。

养家糊口的事情由夫妻俩共同参与,而且丈夫很勤快,在妻子产仔之前便开始整理洞穴。

狐狸们还有一个共性,会储藏食物,它们会把吃不完的食物埋藏起来并做好伪装,以免被其他动物发现。

有一期动物节目揭示了狐狸的另类生活,在英国的一个垃圾场里生活着邓洛普先生,他竟然有两窝孩子,这让他负担加重,每天要不断地去垃圾场捕捉海鸥喂养自己的两窝孩子,每天都看到他在奔忙,这也体现出狐狸先生的勤快。

赤狐一般白天睡觉,晚上上班捕猎。牙马图的这只看起来休息足了,白天也出来逛逛,午后两点多就出门了。它把头伸进积雪中嗅探雪中的气味,最后索性推着雪块玩了起来。

一个人原来也可以有快乐的单身生活,快乐与否来自自己的心,是心里开出的花朵,什么都可以使我们快乐,就像这只独自娱乐的赤狐。

在牙马图所在的甘肃岩池湾国家级自然保护区中生活的脊椎动物就有 135 种,藏野驴、白唇鹿、野牦牛、盘羊、雪豹、棕熊等。食肉动物和食草动物共处一地，共同进化。

《疯狂动物城》结尾时，有一段尼克和朱迪的对话：

尼克：狡猾的兔子！

朱迪：愚蠢的狐狸！

尼克：我知道你喜欢我。

朱迪：我知道吗？

然后尼克抛了个媚眼，朱迪说："我的确知道。"

影片营造了一个食肉动物和食草动物和平共处的大团圆结尾，在自然界中两者是不可分割的，食肉动物使食草动物种群保持优势状态，食草动物为食动物提供了食物。

赤狐又把头探入雪中，难道是嗅探雪下是否有鼠类？

大自然的万物都是自然的杰作，无论它们怎样，在自然界中生存，就有它存在的道理，人类要与自然和谐共处，这是大自然平衡的前提。

红腹角雉

一只雄性的红腹角雉紧张地四下张望，嘴里发出惊叫声。一只黄鼬突然出现在它的身后。

糟糕！真实版的“黄鼠狼给鸡拜年”正演至高潮。

黄鼬的俗名是黄鼠狼，这个名字可谓家喻户晓，当然不是好名声，人们认为它是一个偷鸡贼。实际上黄鼬很少以

红腹角雉
（甘肃白水江国家级自然保护区提供）

鸡为食，这么说它有些冤枉。

在野外，黄鼬主要以老鼠和野兔为食，这次它定了个大目标，要对国家二级保护动物红腹角雉下手。胆真够肥的。红腹角雉相比黄鼬可要大得多，这个猎物和以前在地上跑的还不一样，它还会飞。

红腹角雉因为其叫声，还有一个别名叫“娃娃鸡”。它们的鸣叫声像婴儿的哭声，当地人就给它取了这个亲切的名字，像邻家婴儿。如果不受惊扰，每天晚上它们会在一棵树上休息，树下有厚厚的粪便。

黄鼬扑向了红腹角雉，难道它也发现了红腹角雉善走却不善飞行的特点？

只见雄性红腹角雉扇了两下翅膀从地面逃走。

黄鼬紧接着跟了上去。

它们双双消失在画面之外。

甘肃白水江国家级自然保护区选送了这个极有悬念的视频，我们担心着画外的红腹角雉，这时，又看到一只赤腹松鼠追赶红腹角雉。松鼠竟然追赶着正在啄食的红腹角雉。

那个经常直着身子，用两个前爪捧着食物送往嘴里的可爱家伙，还有这么烈的性格，红腹角雉不是它的对手。

在野外，这两种动物很难产生交集，发生这样的行为都是美食惹的祸。赤腹松鼠为了食物自毁形象,可爱的外表下看来隐藏着暴脾气。最终,它赶走了正在啄食兴头上的红腹角雉。

贵州习水国家级自然保护区选送的这段视频极具意义。

这个起因于食物的冲突首次被拍到,出人意料,两个物种之间的关系也因此视频而增添了又一注脚。

真心疼红腹角雉,它的生存状况让人忧虑。若不是这独家视频,还以为它过得很好,天天在家练习娃娃音发声法呢。

野生雉类家族在野外生存难度比兽类大很多,不仅要面对严寒和食物缺乏的困境,还有很多天敌。

雉类因为是留鸟,极少迁徙,不善飞行,和家鸡差不多大,在捕猎者和抢食者面前都暴露出不善飞行这一点,看来有健康的体魄最重要。

红腹角雉,你以后多长点心,好不好?

东北虎走来

你悠然走来，难道知道了我们的担心？

在静谧的冬日荒野，一场大雪刚过，天空晴朗，一只东北虎出现在画面中。阳光把它的倒影投射在了雪地上。

从它的样子来看，它在保护区中过得不错。身体壮硕、毛色干净、油亮，巨大的四肢稳健有力。额头的王字清晰

东北虎

（黑龙江穆棱东北红豆杉国家级自然保护区提供）

可见。

看到这里,心里有说不出的欣喜,终于见到了生机勃勃的它们。

一连串的数字使人们担心再也见不到它们。1998 年,中、俄、美三国的专家联合调查和中国专家跟踪调查表明:我国野生东北虎的数量仅有 12~16 只。其中吉林省为 7~9 只,其他的分布在黑龙江省。2001 年 8 月,经过我国野生动物专家不间断的跟踪调查,确定了黑龙江省境内现存的野生东北虎为 8~12 只,中国境内的野生东北虎不足 20 只。

老虎是中华儿女勇猛、威武、祥瑞的象征,虎文化也是传统文化独特的组成部分。一双虎头鞋,一顶虎头帽,寄托着多少家庭对孩子健康成长的期许。

威风凛凛的老虎自古就被人们视为勇敢、坚强的象征。

它的确有着高贵的气质。东北虎朝着镜头走来,平静淡定,颇具王者之风。它低头看着没脚的雪面,一步又一步,不疾不徐。

发现这只东北虎并不容易,这得益于和平林场巡护员细致的巡护工作。2015 年 12 月,冬天的巡护并没有停止,皑皑白雪有时深达膝盖,巡护员需要在零下二三十摄氏度的严寒中艰难跋涉。有一天,他们发现有东北虎捕食野猪的痕迹,于是把红外相机安放在了和平林场,循着东北虎的足迹点和捕食现场,寻找恰当的位置,布下相机。

东北虎的家园非常广大，中国东北部地区、朝鲜半岛和俄罗斯西伯利亚的寒冷地带都是它们的家，所以它们的另一个名字也叫西伯利亚虎。

东北虎独来独往，没有固定的巢穴，一般来说虎妈妈会陪孩子至2到3岁，然后小虎就开始独自闯世界。它有自己的领地，它对自己的领地了如指掌。

和平林场一定是这只东北虎的地盘，它发现领地有些异样，红外相机上闪烁的彩色工作灯它从未见过，这让它十分好奇。于是，它走过去一探究竟。

东北虎扬起了头，红外相机给它的脖子和前腿来了个大大的特写。抬头时胡须根根可见，细密的毛发蓬松厚实。

若不相欠，怎会相见。保护行动已在开展。2018年2月8日，国家林业局东北虎豹监测与研究中心正式成立，东北虎的保护又向前迈了一步。保护动物也是每个人的责任。相信它们会越来越好。

我到屏幕前看了好几遍，想记住它的每一个细节。我希望看到的是富有生机的它们，而不是贴在墙上的画作。

绿尾虹雉：愿意为你放逐天际

“翩若惊鸿，婉若游龙，荣曜秋菊，华茂春松。”曹植的《洛神赋》用来形容一只鸟一点也不为过。

看来，自然之母有时也会偏心，宠爱这只鸟，就让它穿上了如此的锦衣。雄鸟的羽毛像十种不同的丝线织成的锦绣，在林中漫步时就像耀眼的彩虹。

绿尾虹雉
（四川卧龙国家级自然保护区提供）

它就是绿尾虹雉。

虹雉这个名字极为贴切。宛如彩虹一样的光泽，又是一种雉类。它像空谷的幽兰，不以无人而不芳。无论见与不见，都散发着迷人的魅力。

在卧龙自然保护区海拔 4 300 米的高山草甸上，两只雄性绿尾虹雉出现在画面里。

一只正在啄食的虹雉抬头看了一眼刚入画中的另一只，并警惕地看了一下四周。

多少人只为这一眼，经历漫长跋涉和等待。如若有这样的画面，他们会觉得是出现了幻觉吧。

仰慕它的人带着沉重的拍摄行囊在这高山上整日守候，经常是乘兴而来，失望而归。能见到它的一根羽毛就是很大的收获，能听到它的叫声都会兴奋得不由自主紧张起来。有人制定了一年的计划，都是为它而来。

雄鸟在求偶的时候，浪漫至极。它会为了雌鸟做一种求偶飞行表演，从陡峭的山崖一跃而起，滑翔着俯冲直下，敞开漂亮的羽翼，先是盘旋，然后俯冲，并且伴随着尖利的叫声作为背景音乐。

人们用了很多美好的词汇来形容它的美丽。惊艳脱俗，霸气而又狂野，它是鸟中的皇后。

当地人却给了它们一个平民化的名字：贝母鸡。因为虹雉会挖出地下的贝母鳞茎吃，钩状有力的喙就有这种挖掘功能，不像鸡还要用爪子。

高山上云雾缥缈，奇石耸立，宛如仙境。它们刨食的频率很快，看来食物很丰富。低头刨食，很少抬头，说明这里安全级别很高。

我国共有三种虹雉，绿尾虹雉、白尾梢虹雉、棕尾虹雉，现在同列为国家一级保护动物。

这些虹雉生活的地方是常人不会触及的地方，为了更好保护它们，巡护人员定期巡山，在海拔 5 460 米的高山，即使又高又壮的巡护员也会进入严重缺氧状态。在高山流石带，天气变化无常，有时瞬间就会大雪漫天。复杂的自然条件使巡护员可能受到的伤害无法预估，脚、后背、手、甚至是鼻子。“这没什么。”他们云淡风轻地说。

他们在用自己的一世辛劳，换来绿尾虹雉一生安宁。

任时光流转，爱心如初。

绿尾虹雉，只要你好好生活，他们就愿意为你被放逐到天际。

虹雉的锦绣羽毛上映出巡护员们巡山的身影。

孔雀东南飞

如果我离开都市，选择过一种田园生活，一定要有你。我会选择在云南哀牢山脉一片海拔 1 000 米以下的土地上，种一片豌豆田。

那时，我会和你相遇，那耀眼的翠绿色会让我一眼就看到你。

绿孔雀

（云南国家级自然保护区提供）

我希望你吃豌豆的神情是自在坦然的，没有惊恐，因为那只为你而种。

绿孔雀，我第一次看到它。这个想法瞬间产生。

这是一只雄性绿孔雀，镜头是从后侧拍摄到的，绿孔雀不停低头寻找着什么，然后它猛然抬起了头。

它是孤独的一只。

我在节目中见到过成群的蓝孔雀，当然最引人注目的是开屏。灿烂的珠冠下，是云霞织就的披风。

绿孔雀抬起了头，我细细端详它。头顶垂直耸立着一簇冠羽，冠羽的颜色有变化，中部看似较浅，是灰蓝色，羽缘仍是翠绿色，前部呈蓝绿色，后颈和上背、胸呈金铜色，背部和腰部正对着镜头，颜色稍暗，呈暗褐色，具有铜绿色的光泽。

这只雄鸟尾羽不长，但是只是这身上的色彩，已经让人惊艳了。

孔雀给了我们多少美好的遐想。在神话中它是凤凰的化身，在傣族人的心里它是最善良、最聪明、最爱自由与和平的吉祥鸟。孔雀舞是傣族的传统舞蹈，孔雀喝水、对水梳妆、抖落身上水珠，展开霓裳羽衣与万物比美，传递着人与自然和谐共处的佳话。

雄孔雀不是自己在这里觅食吧？我希望它的同伴在镜头之外，这样，互相照应，可以互相报警，不至于丧命。

看了一些研究资料之后，我才知道自己的想法多么幼稚。

孤独对于绿孔雀家族来说已是常态。据统计，我国野生的绿孔雀不足500只，并且以小家族为单位点状地隔离分布。它们的家在云南省，在此前发现它们的几个县，它们的身影已经消失了。

绿孔雀曾经有广大的家园，西晋文学家左思的《蜀都赋》非常细致地描述了当时巴蜀的物产，其中就有“孔翠群翔，犀象竞驰”，可见当时四川一片都有成群飞翔的绿孔雀。

雄孔雀的猛然抬头成了它觅食时的常规动作，它要时刻保持警惕。人类捕杀也是它要警惕的，强大的人类会对它们下手。

任何异样的声音对它来说都意味着不安全的风险，在这种情况下，它宁愿放弃觅食逃至荒野。

它原本是该带着家族一起生活，家族里妻子、孩子，其乐融融。那才是生活的常态。现在它成了空巢先生，并且在惊恐中度日。也许我们再也见不到它们。

我们要怎样才能消除它眼中的惊恐？我们要怎样才能让它们不再是一个个孤独的存在？我们要怎样让它们不离开这个世界？

2017年的5月22日，即“国际生物多样性日”，云南省环保厅环保宣教中心发文称，国家一级保护动物中的绿孔雀被列为极危物种。

孔雀东南飞，五里一徘徊。它们舍不得离开。

我们不能看着它们在我们眼前消失。

爱的勋章

看到画面里的熊猫满脸是血，我不由地笑出声来，这个呆萌的家伙，看来情场得意呀，气喘吁吁的声音表明，他刚刚经历一场情场技能大比拼。

熊猫先生的脸被抓花了，点点红色血迹在他那光洁的白脸上还真是显眼。血迹在脸上、鼻子处分散开来，看来那个对手的技能也不错。

大熊猫

（甘肃白水江国家级自然保护区提供）

大熊猫的发情期是每年的 3 月至 5 月,平时,熊猫先生和熊猫女士都有自己独立的居所,各住各的,过着快乐的单身生活。

但是在发情的时候,他们无需用眼神交流,而是隔空对话。熊猫女士用高亢的声音传递着情话,同时用自己的气味召唤爱人。气味随着空气飘向远方,弥漫到林间各处,熊猫先生嗅到了熊猫女士心中所想,于是翻山越岭为她而来。

他们的同伴,那些人工繁育的熊猫走得更远。为了促进各国友好,传递生态保护的理念,多只大熊猫旅居世界各地。美国、日本、奥地利、法国、西班牙等都有他们的足迹。

熊猫女士身边不止一位熊猫先生,可能是两只甚至更多。别看他们平时胖乎乎、慢吞吞地迈着内八字,像个儒雅的绅士,在爱情面前熊猫可没有风度可言。

为心仪的女士决斗,即使受伤,那也是爱的勋章。

那位镜头外的先生这次失败了。但是他一定还有机会。因为时光还长。因为落水被人们从野外救起的巴斯女士最终活到了 37 岁。

刚比拼结束,熊猫先生很自豪。他走到一棵大树下,头朝下,把两只后腿腾空跷到了树干上,来了个倒立姿势。这个姿势有创意,好新奇。以前见他那些繁育中心的兄弟会耍赖,从后面拽着研究人员的裤子亦步亦趋,或是在地下打滚卖萌,又或是快速爬树,而这一出第一次见到。

熊猫先生调整好倒立姿势，竟然是为了撒尿！随地大小便，这是个不文明的反面教材。

熊猫先生把尿液高高地喷洒在树干上，是要告诉其他熊猫先生，此地属于私家宅院，请勿闯入。

这个视频是甘肃白水江国家级自然保护区选送的，保护区有着大熊猫之最的名号，是全国大熊猫数量最多的保护区。超过 10 万公顷的原始森林，一眼望不到边，熊猫家族有 110 位成员生活于此。怪不得世界自然保护联盟把它们从濒危级调到了易危级。想想那些呆萌的熊猫们，它们在广阔居住地中卖萌，是一种怎样的画面。

在四川栗子坪国家级自然保护区里，繁育中心长大的兄弟姐妹会加盟野外群体。熊猫放归在这里进行。2009 年大熊猫“泸欣”、2012 年“淘淘”、2013 年“张想”、2014 年“雪雪”、2015 年“华姣”、2016 年“华妍”“张梦”、2017 年“八喜”和“映雪”……和这些兄弟姐妹相会在大自然中，让人很期待它们的故事。

国家为它们真不惜成本、力气，因为我们想让这个世界一直有它们，同时，它们和栖息地的生态服务价值也使各方面受益。

熊猫先生可能在八月份就会晋级为熊猫爸爸了。熊猫女士会一直照顾着孩子。那个时候森林里又会有一个迈着内八字的小精灵，在林中漫步。

大杜鹃：心机满满的生物钟

“布谷，布谷”，在明媚的春光里，这个独特的鸟鸣声每分钟20次重复着。它像大自然的生物钟一样，准时在春天发声，催促着农人切莫错过耕种的季节。宋代的蔡襄留下这样的诗句：“布谷声中雨满犁，催耕不独野人知。”这是大杜鹃用一声一声的鸣叫不断地催促着人们播种。

大杜鹃偷吃栗鹀鸟蛋
（黑龙江中央站黑嘴松鸡国家级自然保护区提供）

眼前画面中的是大杜鹃吗？“怎么可能？它在偷吃鸟蛋！”

在《动物世界》节目中，有这样一个情节，在风中摇曳的芦苇枝条上，一只已孵化的小鸟，腿脚齐上，把窝里其他鸟蛋扒到了窝外，鸟蛋全部掉落，最后窝里只剩这一个。这时它还是一团没长羽毛的小肉球。

如果少年的过失可以原谅，这次，是成年犯罪。它从窝里用嘴叼起一只鸟蛋，然后把鸟蛋整个吞下。

如果它的养母知道它有如此习性，肯定羞愧难当，会觉得自己是帮凶。

杜鹃自己不养育孩子，不做窝、不孵卵，用巢寄生的方法育儿。它会偷梁换柱。趁它找到的替代者不在巢穴时，先叼出巢中一枚卵，然后再把自己的卵产在这个替代者的巢穴里。这样，替代者不会发现卵的变化，卵的数量仍如从前。有125种鸟类都可以成为这个替代者，成为孩子的养母。这当妈的心可真够大的。

这期动物节目中的养母是芦苇莺，它身材娇小，小杜鹃踢出窝的正是它未出壳的孩子。那娇小的身板和窝里这个大个子孩子极不相符，孩子张大的嘴都和这个妈妈的头一样大。小杜鹃食量惊人，只见养母频繁往返于巢穴。小杜鹃的嘴太大了，像个无底洞，一个小虫子进去，就像石子落入空井。“青虫不易捕，黄口无饱期。觜爪虽欲敝，心力不知疲。须臾十来往，犹恐巢中饥。”这是养母的真实写照。在“母瘦雏渐肥”中，养母养大了小杜鹃。

小杜鹃吃住都在别人家里，还祸害人家孩子的命，杜鹃的行为堪称奇异。

大杜鹃连鸟蛋的壳都一起吞下。吃了一只，又叼起了另一只鸟蛋。

看来这次是要犯个大案。

母亲和孩子看来真是如出一辙，虽然方式不同，结果却是一样的。杜鹃不建巢穴，也不抚养孩子，在我们看来，它极不称职。

但是，杜鹃是当之无愧的森林守护者。它们吃掉对森林有害的松毛虫和蛾子。森林的郁郁葱葱和它的守护分不开。

春天我们听到的“布谷，布谷”的鸟鸣，觉得春日是立体的画卷。这有韵律的鸟鸣，年年如约而至，成为人们心灵的温泉。

前文中的插图是黑龙江中央站黑嘴松鸡国家级自然保护区选送的红外摄影作品。这个保护区位于黑龙江省西北部，位于大、小兴安岭过渡地带的伊勒呼里山南麓、松嫩平原北部边缘。

大杜鹃这次事件的受害者是栗鹀。大杜鹃一连吞了好几只鸟蛋。这是以前从未发现的。

全面了解大杜鹃后，我的耳边依然响着大杜鹃催人布谷的鸣唱。

自然界的动物行为是大自然选择的结果。大杜鹃的行为也为我们提供了对自然认识的一个思路，优胜劣汰，适者生存。如果杜鹃不是采用这种繁殖方式，我们还能听到它春日美妙的提醒吗？这都是未知数。

东方角鸮和豹猫：树洞房子里的恩怨

护林员在一次野外巡护检测过程中发现了一个宝物，那是在一棵山杨树的树洞房子中的四枚鸟蛋。

这是谁的家？是谁未出世的孩子？为了解开这个谜底,保护区管理局工作人员在这个区域设置了三台红外相机。

豹猫偷吃东方角鸮鸟卵
（宁夏罗山国家级自然保护区提供）

这是发生在宁夏罗山国家级自然保护区里的故事，这个保护区位于宁夏中部干旱带，属于森林生态类型的自然保护区。

2017 年下半年，红外摄影机发现：东方角鸮来到树洞房子里，那很符合富贵审美的圆脸庞、大眼睛和钩状的鸟喙很容易辨认。

雌角鸮多次出入这个树洞房子，看来对这个房子很满意。东方角鸮是一种小型的猫头鹰，也是我国二级重点保护鸟类。它喜欢有树丛的开阔原野，是一位暗夜的使者。这样的栖息环境有助于它展开双翅，抓到猎物。

我们曾见过猫头鹰家族完美的捕猎。猫头鹰往往会进行一场无声的闪电战。一旦判断了猎物的方位，便迅速出击。天鹅绒般的羽毛外衣使飞行时产生的声波频率小于一千赫兹，而作为哺乳动物的老鼠感觉不到这么低的频率。于是，无声无息，从天而降，老鼠毫无察觉就成了它的食物。

东方角鸮对食物不太挑剔，它的食谱比较宽泛，老鼠、虫子、小鸟都是它的日常食品。

雌角鸮趁着夜色出去觅食，它留下四枚卵在树洞中。

暗夜的森林里静悄悄，夜幕笼罩着一切。这时，一只豹猫出现了，看来喜欢熬夜的“夜猫子”不止角鸮一个。豹猫也是大大的眼睛，棕褐色的条纹从头部到肩部，全身布满了像花豹那样的褐色斑点。

它是个轻功高手，爬树速度极快，刚看它还在角鸮树洞房子的楼下，一眨眼工夫就爬到了树上。“看来这是个好地段，房子很紧俏，这么多人都盯着。”树洞房子在荒野那可是稀缺户型。我心里这么想着。

上楼体验很好，树皮既防滑又不是那么凹凸不平，更重要的是，还有两个分杈的树枝成了一个天然的露台，从房子里出来可以在这里休憩。豹猫上了露台，它环顾四周，视野很好。这时，它急切地想看屋内的装修。只见豹猫把头伸向树洞，在树洞中来回扭动着。慢慢地，豹猫的头探得更深了，身体后部三分之一在露台上，前三分之一都进入房子里，并且用爪子不停地向房子内部伸去。

这怎么看都不是一个看房客，更像是一个小偷。房子里能偷的都有什么呢？

豹猫有广泛的菜谱，好多东西可以入胃。从可以飞的鸟类到可以爬行的蜥蜴、蛇类、虫、各种鼠类，也时常搭配一些植物嫩叶、浆果等，现在它想弄点什么呢？

鸟蛋！东方角鸮尚未出世的孩子！

豹猫在暗夜，趁角鸮妈妈出门觅食，就吃了东方角鸮的鸟蛋！

原来，看房只是幌子，借看房之事行偷窃之实，这才是豹猫此行的目的。

动物小的时候面临的危险很多，并不是母亲强大，孩子就能安然无恙。在动物节目中,狮子的孩子还经常受到鬣狗的攻击,狮子妈妈不得不经常带着孩子搬家。猎豹的孩子经常会受到狮子、鬣狗的伤害。东方角鸮这种中国最小的鸮形目猛禽,此时同样保护不了它的孩子。

我们看到了大自然生命的生存状态,会更珍惜我们的和谐美好生活。角鸮痛失了鸟蛋,豹猫和它的关系也昭然若揭。此次豹猫的袭击也给了角鸮夫妇一个教训:挑选养孩子的地方,一定不要那么随便。

羚牛妈妈：你是我的眼

它的眼神仿佛在说："孩子，不急，慢慢来。"一头在蹒跚学步的小羚牛跌跌撞撞，跟随着妈妈，迈出了人生的第一步，妈妈停下来扭头看着孩子。

这是羚牛妈妈和它的孩子，孩子估计出生不久。世界上最温柔的声音是妈妈的呼唤。羚牛妈妈用温柔的眼神呼

羚牛
（甘肃白水江国家级自然保护区提供）

唤着孩子。

这和我们印象中的羚牛大有不同。羚牛曾下山，贸然访问村民，有次致使三人受伤。当听说羚牛又下山时，村民们在水渠旁给它准备了吃的，然后自己避而不见。

羚牛是国家一级保护动物，它们叫牛，其实不是牛，是牛科的羊亚科，分类上属于寒带羚羊。

无论雄性还是雌性，羚牛都是大块头，雄性体重可达300千克，雌性可达250千克。强壮的身体和力气让它天生霸气，若有争食的其他食草动物或鹿等，全都不是它的对手，因此它在森林中自然没什么天敌。

脚下的地面尚有雪，小家伙行走困难。对于孩子，羚牛妈妈体现出无比的耐心，妈妈走走停停，让孩子慢慢学习走路。

在非洲草原上，同属牛科的牛羚妈妈对孩子也用情很深。在动物节目中，横渡马拉河对牛羚是一次生死考验。河里大群鳄鱼聚集，就等候着牛羚过河拉响这开饭的铃声。一次，小牛羚和妈妈在这危机四伏的河中被冲散。过河后，小牛羚找不到妈妈了。它很有可能成为陆地上猎豹、狮子的盘中餐。小牛羚试图加入斑马群中，斑马把它赶走；好不容易遇到一群牛羚，它走过去，那里却没有妈妈，牛羚不会养育别人的孩子。狮子就在不远处，小牛羚如果再找不到妈妈，它可能就会被食肉动物吞食。狮子已经做好伏击的架势，就在危险即将降临的时候，小牛羚的妈妈竟然返回来寻找它的孩子。母子历经艰险终于团聚。牛羚妈妈能在这茫茫草原找到自己的孩子，不能不说是母爱创造的奇迹。

羚牛们会集群活动，雄性在这时极为绅士。行走的时候，妇女和儿童在队伍的中间，健壮的男士带路或者在后。平时活动时，有瞭望岗哨，一只强壮的公牛站在高处，时刻观察周围的情况。在遇到敌害时，头领会带头冲锋，威力强大，势不可挡。

八月前后的繁殖季节里，羚牛群之间会有一场争斗。雄性为了赢得雌性而使出了蛮力。它们头部几乎低垂在两腿之间，弓起背部，摆开开战必胜的架势，并用声音增加气势。但是这类争斗也会不失风度，如果对手失败，胜者便不再追赶。

三四月是羚牛产仔的高峰期，小羚牛们会待在一起，像一个小羚牛托儿所。

画面中，羚牛妈妈再次扭过头，它干脆停下来等着小家伙。小家伙蹒跚的步伐很不稳当，可能就像我们小时学步一样。妈妈在前面拍着手鼓励地说："孩子，过来，妈妈在这儿，来，过来。"小羚牛又向前迈了一步。

妈妈的耐心感动着我。可以说这个脾气有些暴躁的妈妈此时温柔如水。因为它是一位妈妈，它要给孩子最温柔的呵护，它不能让任何举动有一丁点鲁莽。

这段温馨的视频是甘肃白水江国家级自然保护区选送的，在这个保护区有 2 000 多头羚牛，真是件可喜的事情。

“你是我的眼，让我看见这世界就在眼前。”孩子也许想这样对妈妈说。妈妈，就在这走走停停中传递着母爱的光辉，红外摄影机将它都记下，我也都记到了心里。

金丝猴：无言的拥抱

这是一个川金丝猴家庭，画面显出来的是四位成员，在一处稍平坦的林间空地，一个静谧的早上，旁边的绿树静立，地上的落叶也在沉睡，阳光斑驳地洒在地上。这应该是它们小憩的时刻，安静祥和的神情说明它们没有访客。

两只成年的金丝猴离得较近，另一只成年猴子距离这

金丝猴

（甘肃白水江国家级自然保护区提供）

两只有2米左右的距离，还有一只稍微淘气的青年猴。

这是甘肃白水江国家级自然保护区选送的红外拍摄的录像。红外相机被人们称为“暗夜的眼睛”。它以对温度的敏感，捕捉着生命的瞬间，用另一种视角，探秘我们自然界的邻居。这个保护区有超过1 500只金丝猴，将近20个群体。

画面中两只离得较近的成年金丝猴在极为平静的状态下，用人类常使用的打招呼方式，走近、互相拥抱。在这个时候，猴王出现了，它和那位“年轻人”拥抱。“年轻人”有些黏人，不肯放开，这是猴王尚未长大的孩子？从它依恋的样子，说明它喜欢猴王，依赖猴王。

在《动物世界》节目中，曾看到温馨的金丝猴一家。那是秦岭的川金丝猴。它们尊老爱幼，家族里有了好吃的会先给年长的猴子。如果谁坏了这个规矩，就会受到严惩。

猴王放开了黏人的“年轻人”，它跳到旁边的树干上，警惕的眼睛四处巡视。保卫家族是猴王的职责和使命所在。这可能是它放开“黏人虫”的原因。

金丝猴是高度社会化的灵长类动物，每个群体有严格的等级制度，猴王有很多优先权力，比如优先进食、优先繁殖，成员之间互相交流以增进感情。

互相理毛是常见的沟通方式，除了能清理身上的寄生虫，这个行为还会加深家庭间的情感并保持等级关系。

年轻人离开了猴王，又走到了距离它 2 米左右的成年亲人面前，拥抱再一次发生。

四只猴子在短暂的 30 秒时间里，无声地在不同个体之间拥抱了三次，这说明这个行为在金丝猴的个体之间经常发生，它们敞开了自己的能量场，通过这种无言交流把自己的爱传递出去。

金丝猴注重情感。在动物节目中，金丝猴妈妈将一只死去的幼崽一直抱在怀里，或者拿在手里，在树间攀爬时也带着它不离不弃。甚至还会抚摸孩子、给孩子理毛。

画面中，四只猴子在这温馨的时光里享受着彼此给予的温暖。

很多爱的表达是不需要语言的。金丝猴经常通过互相拥抱来沟通感情，建立联系。拥抱是它们常用的方式之一。

有人总结了人类拥抱的几十种好处，减轻压力、减少病痛、平衡神经系统、减少恐惧、增强社会联系等等。我们的近亲灵长类动物看来也在非常熟练地使用这种交流方式。

我看过许多奇异的动物行为，这个拥抱行为让我感动，因为它表达着爱，也在见证着爱。

当然，川金丝猴们可以在这美好的早上度过如此惬意的时光，是因为有很多人在为此努力。

生态环境保护是我们基本国策的重要组成。在中国 9 600 万平方千米的土地上，中国的自然保护区数量达到了

2 750 处，总面积占国土陆地面积的 14.88%。

多少林业工作者、动物保护者在投入自己的身力和心力。过去的五年里，中国有 85%的野生动植物种群和 65%的高等植物都得到了保护。

它们那无言的拥抱，加上这静默的山林，不就是一幅美好生态的画卷吗？

它们那健康的毛色和美丽的外表，不就是保护成果的最好体现吗？

“坚持绿色发展，促进人与自然和谐”“像保护眼睛一样保护生态环境”“像对待生命一样对待生态环境”，这些掷地有声的话语已经落在实处，中国的生态文明建设呈现加速发展的新局面。

我们和它们这些自然邻居们，共处在看得见山、望得见水的绿水青山之间，这是一个美丽的中国。

遇见动物世界

我的邻居——麻雀

蓝天如洗，这样的天气，抬头望天，心里也像被蓝天洗了一遍，干净澄明，室外叽叽喳喳的叫声吸引了我。

不用猜，是老邻居麻雀。它们肯定还在室外的餐盆进餐吧。我扭头看向窗台，看到了一位麻雀妈妈带着她唯一的孩子。麻雀看着我，是在对我鸣叫，小家伙跟在她身后。它们都站在室外的空调主机盖上，和我只有薄薄一扇纱窗之隔。

小家伙嘴角还是嫩黄色的，毛色还是较浅的褐色，身体也比妈妈小很多，一看就知小麻雀这是初次出门，而麻雀妈妈把它领到了我的窗外。

妈妈对着我叫着，眼睛盯着我目不转睛。“有食物呀。”我纳闷着看了一下餐盆，便明白了。瞬间，有股温暖的东西从心底涌出，我的眼眶有些湿润了。

餐盆中的食物是米粒，估计太大了，她的孩子无法吃下。她向我叫着，希望我看到孩子能联想到点什么。

麻雀以胆小著称，这次因为带着孩子，她勇敢了许多，她直视我，即使我和她对视，也没有一点闪躲的意思。

这位妈妈显然为她的孩子在鸣叫，她要让我为她的孩子找点儿可口的食物。

我马上回到厨房找出小米，洒在室外的空调主机盖上，麻雀妈妈和孩子停在栏杆上，在我打开纱窗时，他们并未飞远。

这是不是孩子长大后的第一次觅食？妈妈给她选择了一个便利的、可找到食物的地方。我们经常说动物没有思想，没有意识，这位麻雀妈妈会让你改变看法。妈妈先飞到主机盖上，她用叫声呼唤她的孩子，孩子飞来，妈妈便看着小家伙啄食。

天下的妈妈如出一辙。

狐猴自从生下孩子，孩子就从未离开过自己，就像自己身体的一部分。或者抱在怀里或者背在背上，不管是觅食、跳跃都是如此，甚至在领地争斗中，孩子依然会在妈妈背上。

这又让我想到我的母亲。小时候市面上进口食品少之又少。有一次，邻居家的亲戚从国外带回来巧克力，给了妈妈几块，妈妈愣是把它们悄悄装进口袋带回家里，道："你猜我给你们带了什么？"然后掏出了那几块巧克力，我们好奇地问："好吃吗？"妈妈说："好吃。"其实妈妈根本不知道巧克力的味道。

麻雀妈妈看到孩子还在不停地叫唤,就把小米啄起来又放得离孩子近些,用我都能感受到的温柔叽叽喳喳,好似在告诉孩子:“这个不错,这样吃。”她边示范,边指导。我在窗户里面入迷地看着这对自然界的母子。

我们也许并不记得自己第一次开口,迈出第一步的情景,麻雀妈妈却可以让我们联想到小时候的自己,我们也是在妈妈耐心、温柔的叮咛中开始成长。

孩子觅食的第一顿饭就在我的目光中进行,小家伙啄起一个小米粒,试了试,一不小心摔在了地上,它太缺少经验了。

过去都是妈妈把食物放进它张开的小嘴里。这让它现在才知要用上下喙把食物啄起,放到嘴里,上下喙要互相配合,才能完成进食,这个过程还真需要学习。

妈妈极有耐心,她用叫声鼓励孩子:“没关系,再试一次。”

能在这温暖的春日育儿是幸运的。有些妈妈育儿时温度甚至低得接近零摄氏度。南极企鹅的孩子可以说是在脚背上长大的孩子。妈妈和爸爸轮流把企鹅卵放在脚背上,然后用腿前的腹部羽毛盖住。在这大约 64 天的孵化期中,一方去觅食时另一方就这样饿着肚子静静地待着。出壳后长大一点的小企鹅才会下地,到父母身侧。

这个时候父母不吃不喝,原本圆润的身体变得极为“苗条”。等孩子出生之后,妈妈要走80~160千米去觅食,这时,妈妈的胃成了一个食物袋,孩子会把嘴放入妈妈的口腔,取食妈妈带回来的肉糜。因为整个路途遥远,妈妈需要马不停蹄,我们时常会看到企鹅在皑皑白雪之上匆忙行进的画面,那里面就有觅食归来的企鹅妈妈。除去艰辛,更有时候,妈妈在海中觅食时还会成为海豹的食物,因此失去生命。

住在小区里的麻雀是幸运的,因为人们都把它们当作了邻居,还会在寒冷的冬季为它们准备食物。妈妈家的客厅和麻雀家只有一墙之隔,小家伙们刚孵出来时都能听到它们的牙牙学语。有次我回家时,妈妈说:“孩子,过来,你听。”我便贴着墙壁,享受地聆听着麻雀一家温馨的对话。

窗外的小家伙看来吃饱了,她抬头看看妈妈,妈妈又看了眼窗内的我,心满意足地飞走了。

她仿佛在告诉我:“谢谢你懂我,我替孩子谢谢你。”

这样的话还真的不用说,我们是邻居,每天听着你们的叽叽喳喳,觉得生命充满活力和生机。你们还为小区树木除去害虫,使小区绿树成荫,人们应该谢谢你们。既然是邻居,互相帮助是应该的。有句老话道:择居仁里和为贵,善与人同德有邻!

雌狮的姐妹帮

录音时,看到有这样一个故事。

在东非大裂谷,居住着一头年老的雌狮,这个强大的捕食者在一次捕猎中受到重创,下颚断裂,嘴巴严重不能闭合。对于食肉动物来说,嘴巴是捕猎的武器,也是吃肉的利器。

第一眼看到她,一个强烈的疑问出现在脑海中,她是如何存活下来的?

这片土地西面是裂谷的崖壁,东面是一个不能供饮用的咸水湖,现在是旱季,唯一的淡水水源在几千米外,水是从山壁涌出的温泉水,有九只温泉区母狮子占据着这个捕猎场。在傍晚时分,温泉区狮子出门打猎,她们锁定了一只南非水牛,南非水牛一般重达500千克,捕猎的成本最合算,这只水牛足够喂饱这个狮群全部成员。

捕猎场面激烈有序,所有狮子在这场捕猎计划中都发挥了自己的作用,潜伏、包抄、共同协作,她们中有的跳到水牛的背上紧紧压制水牛，有的冒险冲到水牛腹部，侧转身咬住水牛的咽喉。每一位都毫无保留地使出了全力。

狮子们享受着得来不易的食物。这个时候，下颚断裂的老雌狮也过来吃肉了，看出来，她非常饥饿，但是因为下颚受伤，无法撕裂猎物厚厚的皮肤，她是如此无奈。

在这个时候，令人吃惊的一幕出现了，温泉区狮群的其他雌狮把猎物厚厚的表皮撕开，并用脚踩住猎物的身体，让最柔软的猎物腹部露出来，这样一来，年长的雌狮吃到了里面最鲜嫩的部分。

这时，我恍然大悟，这只受伤的雌狮是依靠家族的帮助活到了现在。

照顾她的很可能是她的姐妹或者女儿。

狮群的姐妹情谊被传为佳话，姐妹们终生都在一起，她们不会离开自己的族群和领地。

她们像约好了一样，在同段时间生下孩子，这时，我们会看到狮子全家福中呆萌的小家伙像克隆出来的一样，几乎一样大，分不清彼此。

有了孩子以后，这些孩子们在狮群就是大家的孩子，由狮群共同养育，从不厚此薄彼。

几个姐妹一同出去捕猎，为家族提供食物，留在家中的姐妹，就成了乳母和保姆。孩子们饿了可以找到吃的，莽撞的时候还有人提醒。

至于孩子们的父亲,在领地周围巡逻是他的事情,万一有挑衅者闯入,他要直面对手。

狮王不参与捕猎,但是他会先进餐。可以确定地说,他不会在这个狮群待太久,狮王来来去去,家族雌狮却一直在。我们看不到年老体衰的狮王,他们一般能做几个月或者几年的首领,根据狮群的自然法则,狮群需要新鲜血液加入,新的强壮的雄狮会取代老狮王的位置。

雌狮的姐妹情谊在一个极端的时刻受到了考验,新狮王要杀死老狮王和雌狮们的孩子,姐妹们会团结一心,共同和新狮王争斗。无论这个杀手是谁,她们怎么可能让别人杀死自己的孩子。有的雌狮为此头部和身上被抓破,即使这样也绝不会放弃自己的孩子。

但是,自然法则就是这样,她们敌不过壮硕无比的、凶猛的新狮王,战斗会在毫无悬念中结束。

小一些的孩子会失去性命。我们不是狮子,我们不理解她们此时的心中所想,失去孩子对于母亲来说还不如杀了她,那种刻骨的疼痛是深入血液的。我们只能看到雌狮蹲在地上,喘着粗气,咧着嘴,头上布满抓伤。命运给她们的一切,此时她们只能接受。

如果孩子大一些,运气要好些。雌狮们会做出这样的决定:带领孩子们离家,送孩子们走入荒野,即使荒野凶险无比,但是有生的希望。目送孩子们走远后,她们依然会回到自己的狮群,接受自然法则的安排。

在看到雌狮和孩子们的全家福时,看到那像克隆出来似的小家伙和雌狮妈妈或姨妈们温柔互动时,我都分外珍惜,因为这些小家伙将要接受命运的挑战,70%～80%的幼狮活不过两岁,它们可能遭受追杀或者因为食物短缺而夭折。

但是,有很多是它们可以主动为之的,那就是锻炼自己的捕猎本领,强壮自己的身体,接受大自然雨雪风霜的考验。相信有这些姨妈和妈妈的用心呵护,它们的运气不会太差。

为了狮子家族,狮群的姐妹们互相帮助和协作,捕食、育儿、共同面对危险,姐妹情谊是狮群在草原上生存的强大亲情纽带。团结一致就可以克服种种困难。

北京公园的推婴车

北京公园里的植物长得好快，刚到五月，每棵树都长出了和树干不相称的树冠，树叶也显得饱满油亮，它们尽情地舒展着自己，最大限度地享受太阳的照射。一对百灵鸟落在树叶最顶端没有叶子的地方，互相倾诉着爱语，这一点也不叨扰邻近杨树上的喜鹊，喜鹊夫妇正忙着养家中的小宝贝呢。

树下的拱桥上出现了一位美妇，推着精致的婴儿车，她把车往桥边推了推，低头看了看车里的宝贝，又指了指湖泊里的芦苇和睡莲，芦苇随风摇曳，像极了音乐喷泉中随音乐起舞的水波。美妇不停地指着，不停低下头温柔地说着什么，母爱从她的表情、手势和身姿洋溢出来，好美的公园母子图。

看过桥上的风景，美妇缓步推车到桥端，轻轻地把婴儿车抬起并抱在怀里，轻步缓移下了桥端的台阶。她以“不踩死蚂蚁为标准”的步子把震动降到最低，该是怕车里的孩子受到颠簸。初为人母,对初生儿呵护有加,即使小小的震动,她也不想让孩子因此受到惊吓。

但是五月的北京,大风会不请自来,突然间狂风大作,美妇在大风之中衣服被吹得像旗一样,眼睛已不能睁开,头上帽子也被吹走,头发瞬间凌乱。

形象,她早已忘了这回事。她首先想到的是她的孩子。女人有了“母亲”这个称谓,会变得和以往不同。她赶忙俯下身,把婴儿车的顶篷放下来,一遍遍地低头耳语,推着小车到避风处,最后停下车。她趴在车边把手伸进车里,不停地抚摸着小家伙,并不停地说着什么,大概在说:“别怕,大风是路过的,一会儿就走了,你呀,有妈妈在,妈妈会保护你的。”

上帝不可能亲自到每家,于是他创造了母亲。母爱是最无私的,每个人都是在妈妈无私的呵护下长大,我们可能并不知晓自己婴儿时妈妈如何照料我们,但这位美妇的行为为我们补了一课:小时候无论我们遇到什么,妈妈应该就是这样照顾我们的。

美妇就这样一直半蹲在婴儿车前,看样子说了很多鼓励和安慰孩子的话。她不时地调整着蹲的姿势,蹲得双腿发麻,爱的抚摸一直没有停止。

大风随性地来,又随性地走了,真符合风的性格,飘忽不定。公园里的百灵又开始鸣叫,这次它们已躲到树的枝叶之间了,只闻其声,不见其人。喜鹊在巢里陪伴着它的孩子,孩子估计将要学会飞翔。公园里一切恢复了平静。

美妇从避风处推车出来,整理了凌乱的头发,这时才去拾起自己的帽子。她把婴儿车的防护顶篷打开,欣欣然推着车向我这边走来,轻巧的步子表明了她此时的心情,孩子没有受到惊吓。

这么美的妈妈让我对她的孩子产生了好奇,我止不住无数种猜想,是位漂亮的小公主?还是一位小男生?胖乎乎的?还是瘦瘦小小的?眼睛像她妈妈吗?

她离我越来越近,我能清晰地听见小车车轮的声响,这时才听见了她和车中小家伙的对话:"宝贝,我们再玩会儿就回家吃饭,奶奶已做好饭了。"

"汪汪!"这时我以为自己耳朵出现了幻听,怎么是狗狗的声音?

美妇走近了,我看到了她的孩子,是一只小狗狗!

原来她不是美妇,而是一位美女和她的狗狗!

她是一位美妇,她是狗狗的妈妈!

北京公园里的婴儿车里估计还有其他狗、猫、兔子、猪等小家伙,它们也都被视作家人,在这个城市里洋洋得意地生活着。

孩子没回家

“老伴，老伴，天都这么黑了，孩子怎么还没回来?”

焦急的声音从卧室传到厨房里做晚饭的老伴耳朵里。整天乐呵呵的老头子竟然有着急上火的时候，孩子不回来正常呀，上班那么忙，说不准又加班了。

“老头子，没回来一定是单位有事儿，他那么大人了，不用担心。”老伴一边忙着一边安慰着老头儿。但是老头儿的声音又响起来了，“一定是出事了!”声音中竟带着一丝悲伤。老伴放下厨房的活儿走到卧室，发现老头儿竟然对着窗外的银杏树使劲地瞅着，头都快被窗棂夹住了。

老伴这时才恍然大悟，没归家的孩子是指两只斑鸠。

老头儿史老师的窗前有一颗银杏树，上面居住着六十多只麻雀和两只斑鸠，其实，最早这里是没有这些住户的，因为史老师的一个行为使它们安家于此，史老师将捡来的或吃剩下的米饭晒干弄碎放在阳台的盆子里，最早吸引到的是麻雀们。每天麻雀们都叽叽喳喳候在盆边，等待着开饭的铃声。

孩子不在身边，麻雀成了老两口的好朋友。听到麻雀的叫声，史老师心里就像长出了花儿，他会数着今天来了多少只，要是又增加了几只，那得意劲头赛过中奖。

夜幕渐深，老伴安慰着史老师："估计孩子今天串门了，一天不回很正常。""斑鸠会串门吗？不行，我要上网查查。"老头自言自语着，急匆匆去了书房。

史老师喂麻雀一段时间后，突然有一天，来了两只斑鸠，刚开始东张西望，不敢靠近食物盆，史老师就看了它们一眼，它们就一下子飞得无影无踪。再后来史老师就变成了特工，把食物放好后，躲得远远的，只能悄悄地听他们啄食的声响。

老头儿急切地打开了电脑，探寻有关斑鸠的信息，但是打开电脑不仅没有解决问题，反而更增加了老头儿的恐惧，网上显示了很多这样的信息：怎么捕捉斑鸠？斑鸠怎么抓？斑鸠怎么做好吃？"会不会是被别人捉走了？"老头儿顿时心乱如麻。他生怕看不清楚，找到老花眼镜戴上又趴到了窗前。一月的北京天很蓝，风很冷，打开窗户，夜里的冷风能让你无法呼吸，脸和鼻子像被刀片划过。在寒风里，老头儿又把这棵大银杏树细细看过，满怀希望想着他们可能是怕冷挪了一个角度和他捉迷藏，但是，伴随冷风的呼叫声传来的是极度的失望。"孩子，你在哪里？"

在史老师当了一段时间特工之后，斑鸠也逐渐熟悉了这里的环境，胆子也变大了，原本麻雀吃食在先，现在斑鸠夫妇可以大摇大摆地先吃，麻雀们在一边看着，只见它们摆动着脖颈，吃得怡然自得。老头儿也可以看着它们，细细欣赏。

这对斑鸠夫妇应该是生活在北京地区的山斑鸠，夫妇俩不好区分，头和颈部是灰褐色的，还带着葡萄酒的红色，前额和头顶则是均匀的蓝灰色，在颈基部两侧各有一块边缘为蓝灰色的黑羽，全身是五色的组合体，灰色、褐色、蓝色、白色、红色，整体外观偏灰色，但是每种颜色的过渡和融合是那么的协调，暗铅蓝色的嘴，褐色的脚趾，搭配着洋红色的细腿，既稳重又多了那么一点性感。每次斑鸠进餐的时间，老头儿会放下手中的一切事情和这对孩子无声交流。老头儿就这么看着，斑鸠好像知道它们吃得越多老头越开心，于是啄食的声音不绝于耳。

第二天，史老师放了更多的食物，并且多了些品种，他怀疑是否是食物太单一，斑鸠夫妇因寻觅其他营养而飞走了。麻雀们倒高兴极了，一批又一批轮流进食，但是即使这样，仍然不见斑鸠夫妇的身影。史老师更加绝望，“看来孩子凶多吉少。”夫妇俩一般晚上回来后，都会栖息在一条两根筷子粗的树枝上，现在的树枝空空，和老头儿的心一样。风大的时候，先落上的那只斑鸠会把靠主干的位置留下来等待爱人归来,因为靠树干的地方可以抵挡凛冽的寒风,夫妇俩依偎着取暖,度过漫漫长夜,每天都是如此。想着这恩爱的一对孩子,老头儿立马扭转头来,不忍再去看那颗银杏树,触物伤情。

好不容易到了夜晚,新闻播出了一条消息,让老头儿彻底绝望:郊区有人捕斑鸠被执法者发现,老头儿认定那就是他的孩子斑鸠夫妇,他们再也不会回来,他再也不能静静地看着它们吃食,他和它们的情谊止步于此。

第三天,史老师有些无精打采,第一次感到麻雀的叽叽喳喳好吵,因为看不到斑鸠夫妇,他的心乱了。他待在自己的书房,胡乱看着什么来分散自己的注意力,但是,每一次麻雀的叫声都会使他的心生疼,他想起了斑鸠。

突然,麻雀们不叫了,它们从食物盆撤离的声响很大,这个异样的声音促使老头跑向卧室,有一只斑鸠在进食!老头擦了擦眼睛,是的,不是幻觉,真的是他的一个孩子回来了!但是,老头来不及细看,斑鸠又飞走了。

“老伴,老伴,一个孩子刚才回来了,它还活着!”两天没见,却像久别重逢,老伴赶忙过来,“老伴,它又飞走了!”老头说这句话时带着极度的高兴和一点点失落。

都说心有灵犀,这是指人的感应,但是,就在这个时候,斑鸠夫妇一起回到了银杏树上!它们一起回来了!它们在过去的两天去了哪里?它们感觉到了这里一直有人在惦记着它们？它们回来是为了告诉这个叫它们孩子的老人，自己一切都好？还是其他什么原因？在这里，我情愿相信它们是为了惦记自己的人回来！万物有灵，如此长久呵护它们的老人，斑鸠怎么不会心生情愫和默契？

孩子回来了，老人的生活更开心了，他更珍视这些在生命中遇到的动物。

我们常说，陪伴是最长情的告白，人与动物的互相关爱和陪伴滋养着彼此。世上有被人们唤作孩子的斑鸠，也有被唤作孩子的猫咪和狗狗，世界就是被这种大爱温暖着。世界因此而美丽。

为你我跨越千山万水

她明知道这是一条不归路，但是她还是义无反顾地回到出生的故乡，为了她的孩子，她什么都做得出来。

她是鲑鱼，你无法想象一条鱼的身上有如此大的能量。每年秋季，鲑鱼将离开她度过如花年华的海洋，逆流5 000千米返回家乡，在那条她出生的淡水溪流里，她要像祖祖辈辈那样，把这里作为自己的育婴房。

在海洋生活的这三年里，她已经出落成俊俏的美人鱼，流线型的身材一看便知是常年游泳健身的成果，海洋丰富的营养使她的皮肤呈现光润细滑的银白色。

她没有行囊，轻装上阵，对于这次归家，她信心满满。在大海生活的这几年已让她养得体格强壮，为这次不可思议之旅储备下充足体力，让她在路上可以不吃不喝。让她兴奋的是，还有上亿同伴陪着，这里面还有她未来孩子的父亲，想到这里，她的心里涌起了小波浪。只是水路交通拥堵会很严重，回家心切的她不会在意这些，这不，刚出发，她就和同伴们挤在了一起。

回家之旅发生在河水不太宽阔的溪流里，这样的场面她第一次经历，这是一次急行军，每小时30千米，所有同伴行色匆匆。河水不太深，清澈的河水使河底的石头清晰可见。这时许多动物已朝这条河流奔来，他们来这里可不是作为观光客，而是要在这里举行一年一次的饕餮盛宴。棕熊带着她的孩子慢慢悠悠走来，一方面是带着孩子不便走快的关系，另一方面是她对宴席地点胸有成竹。

她选了一处特别的宴会地点，那是一个高两米的瀑布上方，看来是想把哗哗的水声当作背景音乐，节省了请乐队伴奏的费用。从外部看来，这更像是一次社交酒会，参加的成员全部站着。

海鸥也从海上飞来，他和棕熊保持着同样的站姿，站在旁边的石头上，鱼鹰也大驾光临，站在旁边。

这是怎样的一场盛宴呢？

她和鲑鱼同伴们逆着水流即将抵达这个两米高的瀑布，棕熊们看到了他们。

这时棕熊们不慌不忙地在瀑布上方找好了自己的席位。要想回家就必须跃过瀑布才能到达溪流上游，而这个关卡必须跃过，湍急的水流有极强的冲击力，想逆流而上无疑是以卵击石。他们必须以超常规的方式才能跃过，于是他们把自己变成了空中飞人，飞过瀑布！

棕熊们张开了嘴,像大口吸气的口型,鲑鱼和同伴们一跃而起,向瀑布上方飞去。

有的同伴竟然一下跳进了棕熊的大口,有的落下后被棕熊的利爪抓住,毫无逃脱的可能。

鲑鱼的到来就是开宴的铃声,这个宴会地点也是经年不变的,这是棕熊凭经验得到的。

棕熊妈妈捕到食后让孩子们一起进餐,海鸥也可以捡到好吃的东西。

盛宴进行的时间有好几天,一直到棕熊们个个肚皮圆滚。

庆幸的是,她成功了！竟然跳到了瀑布上方,而棕熊这时正在大快朵颐,无暇顾及。当鲑鱼们游到瀑布上方时,回家的队伍显然松散了,那些沦落为盛宴食物的同伴用自己的生命换来了其他鲑鱼的安全,若有悲伤的话,这时也不能多想,因为路途尚远,前方仍吉凶未卜。

她不敢休息,继续向前游去,但是这段河道宽阔,河水又较浅,有的同伴甚至背部都暴露在了烈日之下,他们需要极力地扭动身体才能向前,即使这样,有的同伴还是搁浅了,即使拼命挣扎也无法进入深水区。

鱼鹰无声地飞来,把搁浅的同伴拖到了岸上,同伴一点点变成了食物,除了鲑鱼游动的声响和水声,没有别的声响,这场捕食活动悄无声息地进行。

很多同伴的身上都布满了伤痕,像一枚枚挂在身上的英勇勋章,这是逃脱捕食者的尖牙利爪所付出的代价。河底的河卵石也是致伤的原因之一,这时,我们发现,鲑鱼的身体开始有了变化,体重减轻,像减肥过度的样子,最初出海时优美的流线型身体已有变化,最明显的是从银白的颜色变成了暗赤褐色,皮肤不再那么光滑润泽。雄鱼要尽快地让生殖器官发育,他们把身上的能量主要转移到了生殖器官发育上,因此上下颌前端突出,皮肤出现了色斑。

终于水流缓和下来,旁边的绿色倒映在溪流里,郁郁葱葱的植物包围着小溪,溪流的水就是从陆地这些植物下方的土壤里渗出来的,静静的山林和溪水等待着她和同伴的到来。

儿时在这里出生,家乡的味道一直深深印在她的记忆里,这就是她梦想的家乡。

河流边高大的乔木长得更壮了,溪流依然清澈如昔,河底遍布着细沙,粒粒洁白、纯净。她是千分之一的幸运儿,同伴们来不及互相拥抱和祝福,她和雌鱼们就开始为即将出生的孩子寻找育婴房。

雌性用她们的尾鳍和臀鳍把河底的沙子扫开,挖出了一个比自己大得多的小圆坑,若不满意再继续挖掘,直到满意为止。然后,每条雌鱼在育婴房里会陆续产下 4 000 枚卵,这时孩子的父亲出现了,陪伴了一路这时才知道他的模样，父亲也马上过来产下精子。

孩子的父亲在这个时候充当着卫士，只要有侵犯者，他就猛烈地追逐或者驱赶。这个过程一直要持续 1~2 周，再去看父亲的样子，你会惊到：像一个巨头儿童，头很大，身体很小，非常不成比例。他太疲劳了，要想重回海洋游过漫漫旅途，一点可能都没有，后来的故事也证明：他可能就没有这样的想法。孩子的父亲在做完他该做的一切之后，就安息在他故乡的溪流里。

她产下了自己的卵，那是她的孩子，她奔波五千多千米，就是想让孩子在一个安全、天敌少的地方出生，她做到了。这时她已经非常虚弱，生命的精华都用在了培育孩子上，为此，她已把自己掏空，正大口大口地喘气。但是还有一项工作要做，就是要把孩子的育婴房盖上。她抬起沉重的尾鳍和臀鳍把沙砾扫过来，仔细藏好自己的孩子，这时疲惫和虚弱一起涌来。她已经耗尽了最后一点力气，慢慢地闭上了眼睛，家乡这时又喧嚣起来，水鸟、河獭、棕熊们又把宴会摆在了这里，这次鲑鱼都没有挣扎，甚至有些心甘情愿。

棕熊之流把他们的尸体拖到岸上的林地里，随便吃几口就丢弃了，鲑鱼想要的就是这个结果。谁敢说这不是鲑鱼父母的死前计谋呢？他们的尸体成了有机肥料，滋养着岸边的森林，让岸边的森林郁郁葱葱，茂盛异常。鲑鱼们要让他们的孩子在没有父母的情况下依然享受父母的呵护。

父母用身体很好地涵养了水源，让这条溪流源源不断地流淌，富有生机。孩子们这时依然享受着父母的间接照顾，溪流中的它们可以快活地成长，没有后顾之忧。几年后，它们会顺着这条溪流返回大海，长成父母从海洋出发时的俏模样，然后，追随父母的足迹，再逆流而来。自然的循环就是如此巧妙，它是一个圆，我们都是圆中的一个点，相依相连。

那些大树不就是鲑鱼父母的化身吗？在加拿大的鲑鱼洄游公园里，入园口就用图片和解说生动展示了鲑鱼的一生——这里是青少年科普基地。我想孩子们可以从中体会到鲑鱼的坚韧不拔、顽强追梦的精神，而这一切都是为了孩子，若孩子们能体会到这些，因此而感恩父母，这个科普基地将实现自己的价值，这也是鲑鱼父母送给人类的礼物。

蛙类轶事

2017 年夏天，北京的气温成了焦点。电视中的天气预报员一连几天都报道着北京温度的直线上升，而让人望眼欲穿的喜雨始终未至，一连几个月，北京未曾有过一滴雨。

终于，5 月中旬的气象报道称，北京要下一场透雨。

果然，雨疾驰而来，为树木刷了一层新绿，为鲜花重新上色，城市的色彩一下子饱和起来。

公园里的一切都新鲜欲滴，路被冲洗得像用刷子仔细刷过。这干净的路上，迎来了早起的第一个马路散步者。这是一只只有一个拇指指节大小的青蛙，它慢悠悠地在马路上散步，享受着雨后的休闲时光。

“你的父亲一定是青蛙合唱团的。”我心想。青蛙合唱团还真有正规团体的人员配备，有领唱、合唱、齐唱、伴唱等。那四月的鸣唱吸引着未来的青蛙母亲，为了和她们约会而唱的情歌，也给人们发放了免费福利。曼妙的声音为刚入夏的人们带去了一场场优美的音乐会，听着这自然界最纯净的大合唱，人们的内心是平静的、享受的、愉悦的。雄蛙可真不能小视。

这让我联想到一段关于非洲牛蛙的录像。非洲牛蛙爸爸是自然界中最伟大父亲之一，他有 2 千克重，一看就是健身达人。在非洲炎热的环境中，保护和照看孩子的重担落在他的身上，没有个好身板还真不成。

他的孩子有一个最大的敌人，是非洲炽热的阳光。孩子们生活的池塘会被太阳烤干，而孩子则会因干旱脱水而亡。但是他的孩子只是在水中欢快地游来游去，这些心思哪用它们多想。“有事儿？找我爸！”

话刚落，事儿就来了，太阳还真不客气，快要把池塘的水晒干了。

牛蛙父亲有勇有谋，自信极了。对他来说，这还真不是事儿。他要变成一个开渠引水的工程师。

遍寻池塘，除了水，就是草，连个小树枝都没有。

建设运河的工程可是个庞大的项目。

牛蛙父亲先勘探好地形，找了一条最近的路线。行动马上开始。至于工具，哪需要寻找，就是他强壮的后腿。

运河起点是邻近的池塘，他用强有力的后腿开始了第一铲。

孩子们还在游戏，只是觉得此时的游戏空间有点挤。

那也开心呀。很少有这种拥挤游戏。

牛蛙父亲镇定自若。他一言不发,用后腿用力挖掘,运河已开出四分之三了,邻近池塘的水已把这四分之三注满。

这时池塘的水越来越少,孩子们觉得有点缺水,呼吸已有些困难。它们看了看父亲,父亲就在不远处。“没事,父亲在。”“父亲故意在锻炼我们的意志力,想告诉我们:大自然的孩子,什么样的恶劣生存环境中都要有顽强的意志,要笑对自然界的风雨雷电。”

前方的土质因为干旱而变得坚硬、难挖,牛蛙父亲这时双脚并用,加快了挖掘的速度。

蝌蚪离不开水,空中一丝云彩都没有,太阳直射池塘,水越来越少。小蝌蚪们的蹦跳使水越来越浑浊。有的孩子在太阳下已有轻微晕厥,不停地张着大口,吞进口中的不是水,而是混合着太阳气味的空气,这个味道它们从未尝过,干热刺激着它们的口腔,尾巴的摆动已虚弱无力,兄弟姐妹们挤在一起。

有一只由于反应剧烈竟然跳到了岸上,它不时地摆动尾巴想回到水里,但是干热的泥地仿佛一层胶黏住了它,挣扎半天却无济于事。

牛蛙父亲依然在挖掘,运河工程到了攻坚阶段。他的头放得更低了,这显然是为了能更好用力。

岸上的那个小家伙摆动尾巴的步调越来越慢。

这时，只见牛蛙父亲使出全身力气，双腿用力，眼睛比平时睁得更大，运河在这使出全身全力的一蹬中开通了。

清澈的活水奔涌而来，池塘水位迅速上涨，池塘中的小家伙们高兴极了，拥挤游戏结束。

水也浸湿了池岸，那个留在岸上的小家伙感觉到胶水似的土地变得湿润光滑了，它的尾巴又可以自由摆动了，它以摇摆舞的方式回到了池塘。

兄弟姐妹们一下把它包围在中间，要知道，它们可没有陆地历险的经历。它们在欢呼雀跃，这次特别的经历强壮了彼此。

牛蛙父亲半身在水中，小家伙们在他身边。父亲的形象很高大。他用眼神和这些小家伙交流。

父爱如山，沉默寡言，但却用行动证明：有他在，你只需往前走而无须畏惧。

蛙是多少孩子童年欢乐的记忆，到水边看着那一群群蝌蚪，甚至可以用手蹭蹭它们，每年都能听到蛙的大合唱，蛙类离我们很近，感恩它们为我们带来了欢乐。

这只是一场游戏

“请大家注意出行安全，注意高空坠落物。”

2017 年，北京 5 月最大的一次沙尘暴从蒙古刮来，伴着 9 级大风。微信群里看到北京市政府郑重提醒市民，朋友圈里的朋友们也温馨地提醒大家能解决工作任务的就留在家里。

早上 9 点多钟，沙尘暴伴着八九级大风如期而至。窗外的杨树在风中摇摆如杨柳。我第一次体会到杨树有如此的韧性——房子后面的杨树有双手合抱那么粗，树干撑起了一个巨大的扇面，它是房子后面的护风屏障。

这时，杨树的枝条被吹得弯曲成接近直角，而瞬间又被弹回相反方向的 90 度，整个 180 度的摆幅，叶面被整个吹翻过来，露出略带白色的叶背面，枝条极力地伸向远方。

“糟糕！喜鹊一家还在杨树上。”我惦记的那对喜鹊夫妇的家就在这棵杨树的高处。

喜鹊夫妇俩的父母家在不远处。这两口子可能想离父母近些，想必也像我们常说的离父母一碗汤的距离，于是把家建在了相邻的一棵树上，他们的窝距离父母家 2 米远，在树的 10 米左右高度。

鸟巢是去年 12 月开始搭建的，夫妻俩一根树枝一根树枝叼回，搭建成了现在直径大约 60 厘米、高 80 厘米的巢穴，这时孩子应在巢中，还不能飞行。

我站在窗前，担心地盯住这个巢穴看，只见它随着树枝的剧烈晃动也左右摇摆。这时见喜鹊迎风飞来，风把他的羽毛吹起，在黄沙中白色的羽毛格外显眼，他极力地飞向巢穴，显然他不是为喂食而来，因为他的嘴里并没有叼着食物，他要看看孩子是否安全。

喜鹊搭建巢穴需要 20~32 天，房子建好后就开始产卵，每天产一枚，一窝 5~8 枚或者更多。雌鸟孵卵期为 17 天左右。刚出生的小家伙身上没有羽毛，像个粉红色的玩具。

在大风到来时，爸爸妈妈陪在身边，它们会感到踏实。父母把这风也当成了天敌，他们要回去看看孩子。有父母在，狂风对它们来说可能就像是一个坐过山车游戏。

当风稍小时，喜鹊又飞走，消失在漫天的黄沙之中。

父母还要出去觅食，即使这样的沙尘暴也不能阻挡他们。夫妻俩轮流喂食，共同承担着养家的重任，他们是一对模范夫妻，筑巢时那些粗干的树枝都是由丈夫带回来的，这也让他在妻子心中树立了伟岸的形象：这是个能干的丈夫。

突然间,大风又起,甚至有遮天的感觉,大树开始摇摆,这次更甚。你甚至担心这样的杨树会倾倒,树枝一下倒向一方,甚至超过了 90 度,又瞬间摆向另一方,像迪厅舞娘狂舞时甩出的头发。所有的鸟都沉寂了,窗外听不到一声鸟叫,它们在大自然面前要想到应对之策。它们不像我们人类可躲在安全的房间里。大自然的一切磨难,它们都要默默承受。

就在这个时候,喜鹊又飞了回来,依上次他飞回来的时间计算,他没有飞出多远,他逆着风,向前飞一厘米都很艰难。对九级风定位是:烈风,机帆船行驶困难,海面上会猛浪惊涛,陆地上屋瓦会被吹损。喜鹊急切地回到了巢穴,这一次依然没有食物,喜鹊放不下他的孩子,他要和孩子在一起。

一切都是默默进行,只有行动没有语言。这已足够了,他一定是在巢中护着他的孩子,仿佛告诉孩子,这是一个增加疯狂级别的过山车游戏。

风稍小时,喜鹊又飞走了,就这样,在狂风肆虐和风缓之时夫妻俩来回飞到窝里四次,为的是陪着孩子,让自己的孩子适应这场风的游戏,而不害怕。想必邻近那棵树上的父母在他们小的时候就是这么教他们的。

喜鹊夫妇也会把这些爱的行为传递给孩子,在大自然的狂风里会有一群喜鹊孩子一次次地玩着过山车游戏。

猫　族

小区的几只猫懒散地趴在离地两米的树杈上，这是树开始分枝的地方，它们各自眯着眼，但是头朝向一条小路。

突然它们不约而同地睁大眼睛抬起头来，因为它们听到了那熟悉的脚步声，不是一个而是两个。

猫们像有统一号令似地从树上蹿下来，把尾巴翘得和旗杆一样，跑了过去，迎接一位女士和她的小狗。

在这些猫咪的眼里，这位张女士就是妈妈，每天她在早晚“捕猎”归来后为它们带回食物。

它们一哄而上，蹭着张女士的腿和妈妈打招呼，有的甚至在小路上顺势一躺，把自己最易受攻击的腹部暴露给了妈妈，它们在向妈妈撒娇，知道这是亲人，不会伤害它们。

小区共有八只猫，大小不等、花色不同，但是从那油光发亮的毛色上可以看出，它们的内心是喜悦的，生活是滋润的。

张妈妈和它们一起到了它们就餐的餐台上，那是小区人工瀑布旁的巨石,就在它们树屋的下方。张女士把猫粮放到了干净的盘子里,猫族们就开始就餐了,嘎嘣嘎嘣咬碎猫粮的声音不绝于耳。

这一景象被喜鹊看在眼里,它们飞到了不远处,也想享受这顿美餐。

张女士清理着猫咪们的餐台,那里有可能是谁家送上的鱼肉,现在只剩下鱼骨了,一个小盆里的水中落了树叶,要换上干净的,旁边人造的泡沫猫咪房也该挪下位置了。

这时我才和张女士说上了话。她是位退休知识分子。从慈祥的面容看来,她的内心是会微笑的。这些猫粮是小区爱猫之家每月出钱共同购买的,她还把年长的那只猫养在了自己家里。她说若不是女儿怀孕,她还要再养两只在家里。

这是一个多么圆满的家庭,一只狗一只猫,老两口,怀孕的女儿,女婿,七口之家其乐融融。

这时张女士的狗狗像哥哥一样,站在一旁看着这些猫弟猫妹们进食,乖巧得不可言喻。无论刮风下雨,它都陪着张女士来给这些弟弟妹妹送食,数年如一日,所以它知道自己这时应该保持大哥哥风范,那就是看着这些弟弟妹妹就好了,不能多管事儿,若吠叫,会吓着它们的。

一人一狗和八只猫就在这个巨石餐桌前进行着每日的团聚。

北京很多家里养的猫都是流浪猫，不是在宠物市场上买的。

我的同事朋友们很多都是爱猫如爱人。聂女士有天说："我发一段视频给你。"我还以为是她做的音乐节目，原来，那是一段她家里两只乖巧的猫咪在电视前观看《动物世界》的视频。聂女士在电话中告诉我，你都有猫族粉丝了！

视频里的是聂女士收养的两只流浪猫，一只白脸、棕色耳朵的叫秋秋，2011 年春天出生，之后被人遗弃，在外漂泊两年之后，在 2013 年正式在聂女士家落户，因为是秋天遇见的，所以取名"秋儿"。另一只是均匀的棕白色条纹，棕色多而白色若隐若现，虎头虎脑，其实是一位小姑娘，叫妞娃，人称"小虎头"。它 2006 年出生，在外散养时左眼受伤，经护士长全力抢救保住了眼球，并当过妈妈，因为原主人移情喜欢它的小家伙而负气出走，连选了几家后还是觉得聂女士家温暖四溢，2008 年秋天，它开始和聂女士一家生活在一起，是个个性很强的小机灵鬼。

另一位朋友汉家女家的猫白波已经 18 岁，因为脊柱不好而做了手术，汉家女当了好几天陪护员，医院里还在猫脖子上挂了汉家女的名字，看来人和猫不分彼此。手术过程中汉家女全程陪护，又怕白波在家爬高再次伤害脊柱，因此家里不放高家具。

这些猫咪无论是收养在家里，还是在野外，都很幸福。

家里有家人呵护,野外有更多的家人呵护。它们永远都是那么大,无论它们是稚嫩少年,还是到了耄耋之年,在人类妈妈们的眼里,它们永远是孩子,就像我们在妈妈面前无论多大都还是孩子。

八只猫咪吃饱了,一只刚来不久的黑猫又爬上了树,它好奇地把爪子伸到树杈的缝隙中,一不小心把腿卡在了树杈间。黑猫极力想拔出爪子,但是怎么使劲都是徒劳。

情况万分危急,张女士马上打电话叫园区保安,保安人员搬着梯子迅速赶来,速度不亚于消防战士。他架好梯子、戴上手套,一边安抚着黑猫,一边把爪子旁的树皮去掉。解救工作很顺利。这次遇险也给了黑猫一个小教训,以后在树上不能那么淘气了。

黑猫被张妈妈揽在了怀里,她不停地安抚着受惊吓的黑猫:“别怕,有妈妈在,别怕,别怕,脚不疼吧?”她抚摸着猫咪的头,轻轻地,一遍又一遍。一会儿,怀里就传出了舒服的呼噜声。

其他猫咪也围了过来,猫咪们用娇柔的声音和妈妈交流,张女士说:“都吃饱了吗?吃好了吗?真乖,过来。”猫咪们回应着妈妈,不时有猫咪过去用头部两侧蹭着张女士的后背、腿,用舌头舔着张女士的手。这些动作的猫语大概是:“一家人要一个气味。”猫咪让张女士身上带上了猫族的味道,这样可以互相认识彼此。狗狗看着它们并没有嫉妒。

这幅图景一直定格在我的脑海，大自然让我们人类处在食物链的顶端，使我们兼具智慧和能力，不是让我们凌驾在其他动物之上，而是要我们用聪明才智使自然更加和谐有序，让我们好好照顾自然界的其他动物，让它们也过得更好。

小区里的八只猫生活得很好，它们成了小区里的居民和兼职代言人。谁家来朋友时，眼睛都会放光，然后说："我们去看一看你们小区那几只猫吧。"

后　记

2018年，是中国改革开放40周年。40年间，我们与动物的关系也发生了变化，从陌生到熟悉再到怜惜，这一转变彰显着生态文明建设的生动成果，彰显着中国绿色发展理念产生的巨大力量。本书的写作，也是为了纪念我们与动物的这段“美好时光”，同时致敬改革开放40周年。

我一直有一个想法，“动物园”应为“动物乐园”。动物和我们彼此给予。它们给我们知识和欢乐，我们则让它们快乐生活。动物邻居和我们住得近了，心应该更近。朋友，您说呢？